Ina Hermann-Stietz

Praxisberatung und Supervision in der Sozialen Arbeit

WOCHEN
SCHAU
STUDIUM

Bibliografische Information der Deutschen Bibliothek

Die Deutsche Bibliothek verzeichnet diese Publikation in der Deutschen Nationalbibliografie; detaillierte bibliografische Daten sind im Internet über http://dnb.ddb.de abrufbar.

Dieses Buch ist meinem besten Freund und Ehemann Frank gewidmet.

www.wochenschau-verlag.de

Titelgestaltung: Ohl Design
Gedruckt auf chlorfreiem Papier
Gesamtherstellung: Wochenschau Verlag
ISBN 978-3-89974527-6

Inhalt

Einleitung

Mit diesem Buch wende ich mich an Menschen in helfenden Berufen, insbesondere an Sozialarbeiterinnen und Sozialarbeiter sowie an Studierende und Lehrende. Ich möchte Menschen ansprechen, die sich für die Methode Supervision interessieren und mehr über diese Möglichkeit der Praxisberatung wissen möchten. Zudem möchte ich Menschen erreichen, die Supervision kennengelernt haben und sich eine pragmatische Anleitung zur selbstständigen Durchführung kollegialer Supervision wünschen.

Das Buch beinhaltet theoretisches Grundlagenwissen über Supervision als Methode zur professionellen Praxisberatung, eine Auseinandersetzung mit der Bedeutung des Supervisors in der Supervision sowie eine detaillierte Anleitung zur Durchführung kollegialer Supervision.

Ziel des Buches ist es, für die o.g. Zielgruppe Arbeitsmaterialien zum Thema Supervision zur Verfügung zu stellen. Arbeitsmaterialien, die leicht handhabbar (Format), gut lesbar und verständlich (Hervorhebungen) sowie praxisorientiert (Arbeitsblätter) sind.

In einer Zeit, die durch Mittelkürzungen und den immer eindringlicher werdenden Ruf nach Professionalisierung bzw. Qualitätssteigerung geprägt ist, muss nach sinnvollen Möglichkeiten zur Reflexion und Überprüfung des beruflichen Handelns gesucht werden.

Kollegiale Supervision kann meines Erachtens die durch einen ausgebildeten Supervisor angeleitete Supervision nicht ersetzen. Sie ist jedoch eine ergänzende und bewährte Möglichkeit, um dem Bedarf an strukturiertem fachlichem Austausch gerecht zu werden. Supervision und somit auch kollegiale Supervision ist eine sinnvolle Maßnahme im Rahmen des Qualitätsmanagements sowie der Mitarbeiterpflege. Voraussetzung dafür ist jedoch, dass den Mitarbeiterinnen und Mitarbeitern von ihrem Arbeitgeber die nötigen Rahmenbedingungen wie z.B. Zeit und Räume zur Verfügung gestellt werden. Zudem sollten zumindest zur Einführung von Supervision in Teams oder Fachgruppen sowie zur Weiterentwicklung der kollegialen Supervisionsarbeit Mittel bereitgestellt werden, damit in Abständen ein Supervisor hinzugezogen werden kann.

In den folgenden Ausführungen verwende ich sowohl die männliche und weibliche als auch nur die männliche Schreibform. Passagen, die aufgrund der besseren Lesbarkeit nur männliche Formulierungen enthalten, schließen selbstverständlich die weiblichen Formulierungen mit ein.

1

1. Supervision, alles super oder was?

Begriffsklärung, Ziele und Entwicklungslinien von Supervision

1.1 Begriffsklärung von Supervision

Eine direkte Übersetzung des Begriffs *„Supervision"* gelingt am ehesten durch die Wörter *überschauen, überblicken, eine Übersicht erhalten, über das, was man wie tut.* Dies allein deutet schon darauf hin, wie vielschichtig der Anspruch von Supervision ist (vgl. Bensch-Venner & Hofmann 1999). Jugert (1998) knüpft an die Ursprünge von Supervision an und bezieht sich bei seiner Übersetzung auf den Duden. Er übersetzt den Begriff „Supervision" durch: „Überprüfung, Kontrolle, Inspektion, Leitung und Aufsicht" (S. 20). Diese Begriffe treffen zwar den historischen Kern von Supervision, der Inhalt und die Bedeutung haben sich jedoch gewandelt. In der Literatur sind zum Teil sehr unterschiedliche Definitionen zu finden.

Belardi (2005) subsumiert unter dem „Oberbegriff *Supervision ... Weiterbildungs-, Beratungs- und Reflexionsverfahren für berufliche Zusammenhänge" (S. 15).*

1.2 Ziele von Supervision

Supervision soll ihrem Ziel und Anspruch entsprechend die Qualität der Arbeit, bezogen auf ihre Strukturen, Prozesse und Ergebnisse, reflektieren und verbessern.

Diesem Anspruch soll Supervision durch Bezugnahme auf psychische, soziale und institutionelle Faktoren gerecht werden. Fengler (1998) spricht von vier „Lernzielebenen“ (S.77) auf denen Supervision wirksam werden kann und die jeweils miteinander in Verbindung stehen: die individuelle Ebene, die interaktionelle Ebene, die Ebene von Führung und Zusammenarbeit im Arbeitsteam und die institutionelle Ebene.

1.2.1 Individuelle Ebene

Auf der *individuellen Ebene* geht es um Selbsterfahrung und Selbstklärung der Supervisanden bezogen auf ihren Arbeitszusammenhang. Die Supervision soll dazu verhelfen:

- die eigene berufliche Rolle und Funktion in der sozialen Interaktion zu reflektieren,
- das Vermögen zu erhöhen, emotionale Erlebnisinhalte zu verbalisieren,
- belastende Erlebnisse zu formulieren und zu bearbeiten,
- Copingstrategien (Bewältigungsstrategien) zu entwickeln,
- motivierende und demotivierende Aspekte der Arbeit sowie die Zufriedenheit beziehungsweise Unzufriedenheit mit dem Arbeitsplatz zu reflektieren,
- ein Feedback in Bezug auf gelungene und misslungene Handlungssequenzen und Arbeitsergebnisse zu erfahren,
- die Einstellung und das Verhältnis zu den verschiedenen Klienten zu überprüfen und
- „blinde Flecken“ zu verkleinern.

1.2.2 Interaktionelle Ebene

Auf der *interaktionellen Ebene* geht es um die Optimierung der beruflichen Kompetenzen, insbesondere um die Handlungskompetenz der Supervisanden in Bezug auf ihre Klientel. Auf dieser Ebene sollen durch die Supervision:

- konkrete Fragestellungen aus dem Berufsalltag der Teilnehmer bearbeitet und beantwortet werden,
- professionelle Beziehungen zwischen Professionellen und ihren Klienten analysiert werden,
- das Verständnis für andere Menschen wachsen sowie die Fähigkeit, besser, also professioneller, auf sie zu reagieren und mit ihnen zu interagieren,
- beraterische und kommunikative Fähigkeiten verbessert werden,
- fachliches Wissen erweitert und
- die Frustrationstoleranz erhöht werden.

1.2.3 Ebene der Führung und Zusammenarbeit im Arbeitsteam

Die *Ebene der Führung und Zusammenarbeit im Arbeitsteam* fokussiert auf die Einflüsse der jeweiligen Arbeitsgruppe auf das professionelle Handeln des Einzelnen und umgekehrt auf das Miteinander der verschiedenen Teammitglieder mit ihren zum Teil unterschiedlichen Berufen und Funktionen. Ziel der Supervision auf dieser Ebene ist:

- berufliche Beziehungen zwischen den Professionellen unter Berücksichtigung von Rollen, Funktionen, Aufgabenbereichen und Hierarchiestufen zu analysieren und das Zusammen- und Gegeneinanderwirken von psychischen Strukturen zu klären,
- dass die Supervisanden sich im Team besser verständigen und einander besser verstehen können,
- die Kritikfähigkeit zu vergrößern, indem die Supervisanden lernen, Kritik adäquat zu äußern oder anzunehmen und diese konstruktiv umzusetzen und
- die Teamfähigkeit zu steigern.

1.2.4 Institutionelle Ebene

Auf der *institutionellen Ebene* geht es um die Organisation und ihre Struktur, auf die Einflüsse, die die jeweilige Organisation auf das professionelle Handeln ihrer Mitarbeiter hat und umgekehrt. Im Rahmen der Supervision sollen:

- die Einflüsse der Organisation auf das professionelle Handeln ihrer Mitarbeiter untersucht und verdeutlicht,

- Vorschläge zur Verbesserung der Arbeitsorganisation und -abläufe erarbeitet und formuliert sowie
- Vorschläge zur Verbesserung der Organisationsstruktur formuliert und die Arbeitsmotivation gesteigert werden.

Zusammenfassend kann *Supervision als eine professionelle Form der Beratungsarbeit* bezeichnet werden, *die berufliche Zusammenhänge thematisiert, analysiert und bearbeitet.* Dabei steht das *Verstehen persönlicher, gruppendynamischer und institutioneller Einflussfaktoren auf das professionelle Handeln, verbunden mit der Befähigung zur konstruktiven Einflussnahme* im Mittelpunkt, *um schlussendlich die Qualität der Arbeit zu erhöhen*. Sie richtet sich an Einzelpersonen, an Gruppen, Teams und Organisationen (s.u. Kapitel 2).

Die *„eigentliche Kunst“ von Supervision* ist nach Auckenthaler (1998, 184) in „der *Verbindung von Bewertung und Unterstützung*“ zu sehen (vgl. auch Allert 1998; Belardi 1996; Brönnimann 1994, zit. in Belardi 1996, S. 38; Hennch, Werner und Bergmann 1998; Rappe-Giesecke 1990; Schreyögg 1992; Weigand 1998). Um als Maßnahme zur Qualitätssicherung wirksam zu sein, soll Supervision in diesem Sinne nicht auf die unterstützende Funktion reduziert werden. Sie soll vielmehr auch eine kritische Funktion erfüllen. Auckenthaler (ebd.) bezieht sich dabei auf das „Habermas‘sche Verständnis von argumentativer Kommunikation ...“, das eine Verbindung zwischen Bewertung und Unterstützung zu „*einer* (kritischen) Grundhaltung“ herstellt. Mit dieser Grundhaltung soll Supervision einen Rahmen zur Offenlegung von Fehlern bieten, aus denen gelernt werden soll.

1.3 Entwicklung von Supervision

In der geschichtlichen Entwicklung von Supervision sind *„zwei Haupttraditionen der Supervision“* (Bernler/Johnsson 1993, 63) erkennbar. Eine Tradition ist eng mit der Entwicklung der *Sozialen Arbeit* und eine andere mit der Entwicklung der *Psychoanalyse* verbunden. Der Entwicklungs- und Professionalisierungsverlauf von Supervision wird von Jugert in vier Phasen dargestellt (vgl. Jugert 1998, 13-20):

- Die sogenannte „Anfangsphase“ erstreckt sich über die zweite Hälfte des 19. Jahrhunderts,

- die „Phase der Psychologisierung" beginnt mit dem 20. Jahrhundert und reicht bis in die sechziger Jahre,
- die „Soziologisierende Phase" ist zwischen den sechziger und siebziger Jahren angesiedelt und
- die „Phase der Differenzierung und Spezialisierung" beginnt in den siebziger Jahren des 20. Jahrhunderts und reicht bis in die heutige Zeit (vgl. auch Schmelzer 1997, 14-16).

„Vorläuferfunktionen von Supervision" sind nach Belardi (1999, 26) allerdings schon mehrere Jahrhunderte vor der o.g. und nachfolgend beschriebenen „Anfangsphase" zu finden. Gemeint sind die anleitenden, betreuenden und kontrollierenden Interaktionen zwischen älteren, erfahrenen, im Arbeitsprozess stehenden Personen mit den jüngeren, arbeitsunerfahrenen Kollegen sowie verschiedenen Formen von Selbst- und Fremdkontrolle in unterschiedlichen Professionen. Das gezielte Anlernen und Anleiten von Nachwuchs sowie das Überprüfen der Ergebnisse der Arbeit ist in den verschiedensten Tätigkeitsbereichen in der Geschichte zu finden. Wie die Einflüsse der Sozialen Arbeit und der Psychoanalyse die Entwicklung der Supervision prägten, stelle ich anhand der nach Jugert zitierten Phasen dar.

1.3.1 Anfangsphase

Die Wurzeln von Supervision reichen in die frühen Formen Sozialer Arbeit in Großbritannien und den USA zurück (vgl. Petzold u. a. 2003, 98). In den USA erfolgte im Rahmen öffentlicher Wohlfahrtspflege die Anleitung der vielen freiwilligen, ehrenamtlichen Helfer durch wenige hauptamtliche Mitarbeiter von Wohltätigkeitsorganisationen. Im Vordergrund der Aufgaben der erfahrenen Amtspersonen standen die Ausbildung, Unterstützung und Kontrolle der freiwilligen Helfer. Ziel war die Einweisung in Philosophie und Arbeitsweise der Organisation, die Planung der Arbeit sowie die Unterstützung in Form von Beratung, Begleitung und Überprüfung der Arbeitsergebnisse. Zu diesem Zweck fanden regelmäßig Gespräche zwischen den „Anleitern" und den ehrenamtlichen „Basisarbeitern" statt, in denen die Arbeit mit den „Betreuungsfällen" geplant und reflektiert wurde. Professionalisiert wurde diese erste Form der Supervision durch die Gründung erster Ausbildungsstätten für professionelle Soziale Arbeit, in der die professionell in der Sozialen Arbeit Tätigen und dementsprechenden Anleiter für ihre Aufgaben methodisch ausgebildet wurden. Fokussiert wurde hierbei neben der Casework-Methodik bereits auf die Fähigkeit des „Reflektierens“ der Arbeit der in der Sozialen Arbeit tätigen Personen und das „Analysieren“ von Fällen innerhalb von Fallbesprechungen (vgl. Bernler/Johnsson 1993; Belardi 1994). Begründet sowie vorangetrieben wurde diese frühe Form der Supervision verbunden mit der Professionalisierung der Sozialen Arbeit durch eine Frau namens Mary Richmond. Sie reformierte die Aktivitäten damaliger Wohlfahrtsorganisationen in den USA, setzte sich für die Fortbildung sowie Anleitung der ehrenamtlich tätigen Helferinnen ein und gründete erste Ausbildungsstätten für Soziale Arbeit. Zudem führte sie erste große Forschungsprojekte durch, die das Handeln der Helferinnen evaluieren und schlussendlich professionalisieren sollten. Mit den Ergebnissen stellte sie in ihrem 1917 erschienenen Werk „Social Diagnosis, in dem sie das Konzept des casework etablierte“ (Möller 2003, 18) der Sozialen Arbeit eine wichtige Methodengrundlage zur Verfügung (vgl. auch Müller 1994).

In Großbritannien war es der Pfarrer Samuel Barnett, der in den 1880er Jahren im Rahmen seiner Bemühungen gegen „gesellschaftliche Ungerechtigkeiten der Zeit“ (Müller 1994, 43-44) eine Form von Supervision einführte. Er wirkte in der Gemeinde Whitechapel, einem Londoner Slum-Viertel, und etablierte dort 1883 eine sogenannte erste Universitätsniederlassung („Toynbee Hall“), in der die armen Gemeindemitglieder und junge Universitätsabsolventen voneinander lernen sollten. Der Kerngedanke war, an die armen Menschen nicht sporadisch milde Gaben zu verteilen, sondern Bildungsangebote zu schaffen, die sie zur Selbständigkeit befähigen und somit ihre Selbsthilfekräfte aktivieren sollten. Zum Aufbau und der anfänglichen Leitung der Bildungsangebote verpflichteten sich junge Akademiker, die für eine gewisse Zeit in Toynbee Hall wohnten und von Pfarrer Barnett angeleitet wurden. Ihre Erfahrungen und Auseinandersetzungen in der Arbeit und dem Zusammenleben mit den armen Menschen reflektierten sie regelmäßig (einmal wöchentlich) mit Samuel Barnett in dessen Arbeitszimmer. „Diese Vieraugen-Gespräche sind wohl auch das Vorbild für jenen Prozess geworden, der später in der angelsächsischen Fachliteratur Praxisberatung (supervision) genannt werden wird“ (ebd. S. 44; vgl. auch Belardi 2005, 18-19).

1.3.2 Phase der Psychologisierung

Die Verbreitung psychoanalytischer und tiefenpsychologischer Erkenntnisse zu Beginn des 20. Jahrhunderts hatte Einfluss auf die Psychotherapie und die dort stattfindenden Fallbesprechungen, aber auch auf die Supervision in der Sozialen Arbeit. Die Erkenntnis, dass die Psyche sowohl Einfluss auf Befindlichkeit und Motivation von Personen als auch auf die Ergebnisse von Interaktionen zwischen Menschen hat, bewirkte eine Verschiebung des Fokus der Supervision vom Überwachen und Kontrollieren auf pädagogisch-therapeutische Funktionen (vgl. Schmelzer 1997, 15).

Im Rahmen der Psychotherapieausbildung wurde in den zwanziger Jahren die „Kontrollanalyse“ eingeführt, in der angehende Psychotherapeuten ihre „Behandlungsfälle“ mit einem erfahrenen Psychoanalytiker reflektieren mussten. Hierbei wurde die Person des werdenden Therapeuten und seine therapeutische Arbeit „beleuchtet“, die „Kontrollanalyse oder Analyse unter Supervision“ wurde von einem „Lehrtherapeuten“ durchgeführt (vgl. Belardi 1996, 23; Bernler/Johnsson 1993, 62).

In den fünfziger Jahren wurde das klassische Zweiersetting durch das Balint-Gruppen-Modell erweitert. Hierbei konnten nicht nur angehende Psychotherapeuten, sondern auch praktizierende Ärzte und später auch andere Berufsgruppen im Rahmen eines Gruppensettings ihre Interaktionen mit ihrer Klientel unter Leitung eines psychoanalytisch ausgebildeten Supervisors reflektieren. Begründet wurde dieses Modell von dem aus Ungarn stammenden Arzt und Psychoanalytiker Michael Balint, der von 1896 bis 1970 lebte (vgl. Belardi 2005, 25). Der Fokus in der Balint-Gruppenarbeit ist auf die Person des Helfers gerichtet, auf seine professionelle Rolle und seine Wirkung auf die Klientel, auf die professionelle Beziehung mit ihren Wechselwirkungen. Dabei geht es um das Bewusstmachen unbewusster Inhalte im beruflichen Handeln und um das Erkennen von Übertragungs- und Gegenübertragungsphänomenen sowie von Widerständen (vgl. Schreyögg 1992, 18; Schmelzer 1997, 19). Die tiefenpsychologisch-analytischen

Reflexionsformen der Kontrollanalyse und das Balint-Gruppen-Modell hatten neben anderen psychotherapeutischen Richtungen Einfluss auf die Supervision in der Sozialen Arbeit, die anfänglich durch das Casework geprägt war.

Weitere Einflussfaktoren in dieser Phase der Supervisionsentwicklung kamen aus der Lerntheorie, Feldtheorie, Verhaltens- und Kommunikationsforschung sowie der Gruppendynamik (vgl. Jugert 1998, 17).

1.3.3 Soziologisierende Phase

Zu den bisherigen Schwerpunkten wie der Anleitung, Hilfe, Kontrolle und Reflexion innerhalb der Supervision kamen ab den neunzehnhundertsechziger Jahren Überlegungen zum Einfluss der gesellschaftlichen und institutionellen Rahmenbedingungen der Supervisanden und ihrer Rolle in der Institution zum Tragen. In dieser Phase waren die Studentenbewegung und die marxistischen Ideen mit ihren gesellschaftskritischen Aspekten prägend. Ging es bisher in der supervisorischen Arbeit um das Verhalten des Supervisanden und die damit in Verbindung stehenden Interaktionen mit seiner Klientel, wurden nun die Verhältnisse, in denen die Supervisanden arbeiteten, ebenso berücksichtigt. Brandau spricht von einer „kritischen Aufbruchphase“ (Brandau 1991, 14), in der Klassenkampf, Solidarität, Gruppe und Emanzipation Leitbegriffe waren. Eine Neuorientierung erfolgte: Wurde bisher auf eine Veränderung am Verhalten fokussiert, stand jetzt die Veränderung negativ beeinflussender Verhältnisse, sowohl bei den Supervisanden als auch bei ihrer Klientel, im Vordergrund. Das klassische Zweiersetting verlor zugunsten verschiedener Formen des Gruppensettings an Dominanz. Es entstanden erste Ausbildungsangebote für externe Supervisoren, so zum Beispiel ein erster Akademiekurs, der von 1964-1966 an der „Akademie für Jugend und Sozialarbeit“ in Frankfurt/M. (Belardi 1992, 63) stattfand, sowie die Supervisionsausbildungen, die 1969 an der Akademie für Jugendfragen in Münster/Westfalen und der katholischen Fachhochschule in Nordrhein-Westfalen angeboten wurden (vgl. auch Belardi 1996; Jugert 1998; Schmelzer 1997; Schreyögg 1992).

1.3.4 Phase der Differenzierung

Die Phase ab den siebziger Jahren des 20. Jahrhunderts bis in die heutige Zeit kann als Phase der „Institutionalisierung und Professionalisierung in der Supervision“ (Belardi 1996, 134) bezeichnet werden. Organisationspsychologische und systemische Theorien nahmen neben Konzepten der Organisationsberatung und -entwicklung Einfluss auf supervisorische Ansätze, Methoden und Interventionen. Der Supervisand in seinem Arbeitsteam und das Team in der Organisation wurden zum Gegenstand der Supervision. Weiterbildungsangebote zum Supervisor an verschiedenen freien Ausbildungsinstituten sowie akademische Supervisionsausbildungen an mehreren Hochschulen entstanden. Supervision als „originär beruflich institutionalisierte Selbstreflexion und Leistungskontrolle“ innerhalb der Sozialen Arbeit und Psychotherapie musste dem „Modell des externen, neben- oder freiberuflichen Supervisors“ weichen (Belardi 1994, 337). Grundvoraussetzung für eine Qualifikation zum Supervisor waren nicht mehr nur Sozialberufe; eine zunehmende Berufsfeld- und Zielgruppenorientierung innerhalb der Supervision bedingte eine Erweiterung der Zulassungsvoraussetzungen.

Parallel zur Entwicklung der Qualität und Wissenschaftlichkeit von Supervision ist ein wachsender Bedarf und ein Ansteigen der Nachfrage nach Supervision außer in Gesundheits- und Sozialwesen auch in der Wirtschaft, Verwaltung, Schule und anderen Feldern zu beobachten (vgl. Pühl 1994, 215). Dementsprechend existiert eine Variantenvielfalt von Supervisionsrichtungen, meist entsprechend dem Berufsfeld und der methodischen Orientierung der Supervisoren sowie des jeweiligen Feldes, aus dem der Bedarf formuliert wird. Belardi spricht vom „heutigen Methodenpluralismus“ und von konzeptioneller Vielschichtigkeit als Antwort auf eine „Berufsfeldorientierung und Zielgruppenorientierung“ (Belardi 1994, 337; vgl. auch Schmelzer 1997, 16). Zu den Basiskonzepten aus der Sozialen Arbeit und der Psychotherapie sind unter anderem Ansätze aus der Humanistischen Psychologie, der Organisationspsychologie, den Sozialwissenschaften, der Soziologie und den großen psychotherapeutischen Schulen hinzugekommen. Belardi (1999, 28) ist der Meinung, dass „nur *interdisziplinäre* und *mehrperspektivische Ansätze*, welche Person,

Gruppe, Team, Organisation, Problemlagen von Klientengruppen in psychologischer, sozialwissenschaftlicher und fachlicher Hinsicht erfassen“ hilfreich wären. Entsprechend schwer ist die Erstellung eines von vielen Fachautoren geforderten übergreifenden, integrativen Supervisionskonzepts (vgl. Jugert 1998; Schmelzer 1997; Schreyögg 1992). Auf die grundlegenden Konzepte und das, was an Verfahren (Techniken/Interaktionen) im Supervisionsprozess beschrieben wird, werde ich in Kapitel drei näher eingehen.

1.4 Zusammenfassung

Supervision bedeutet überschauen, überblicken, eine Übersicht erhalten, über das, was man wie tut (vgl. Bensch-Venner & Hofmann 1999). Sie ist ein „Weiterbildungs-, Beratungs- und Reflexionsverfahren für berufliche Zusammenhänge ...“ (Belardi 2005, 15) und richtet sich an Einzelpersonen, an Gruppen, Teams und Organisationen.

Supervision soll ihrem Ziel und Anspruch entsprechend die Qualität der Arbeit, bezogen auf ihre Strukturen, Prozesse und Ergebnisse, reflektieren und verbessern.

Sie ist eine professionelle Form der Beratungsarbeit, die berufliche Zusammenhänge thematisiert, analysiert und bearbeitet. Dabei steht das Verstehen persönlicher, gruppendynamischer und institutioneller Einflussfaktoren auf das professionelle Handeln, verbunden mit der Befähigung zur konstruktiven Einflussnahme im Mittelpunkt.

Supervision hat zwei grundlegende Wurzen, die Soziale Arbeit und die Psychoanalyse. Ihre Entwicklung kann in vier Phasen aufgegliedert werden. In die: „Anfangsphase“ - zweite Hälfte des 19. Jahrhunderts, „Phase der Psychologisierung“ - 20. Jahrhundert bis neunzehnhundertsechziger Jahre, „Soziologisierende Phase“ - zwischen neunzehnhundertsechziger und neunzehnhundertsiebziger Jahren und „Phase der Differenzierung und Spezialisierung“ - siebziger Jahre des 20. Jahrhunderts bis heutige Zeit (Jugert 1998, 13-20; vgl. auch Schmelzer 1997, 14-16).

2

2. Supervision oder doch lieber Coaching?

Arbeitsformen bzw. Settings und der Versuch einer Annäherung bzw. Abgrenzung

2.1 Arbeitsformen bzw. Settings von Supervision

Supervision hat sich in unterschiedlichste Arbeitsformen bzw. Settings ausdifferenziert. Ich benutze bewusst beide Begriffe, da *in der Sozialen Arbeit* von *Arbeitsformen* (vgl. Klüsche 1999, 134) gesprochen wird, wenn es um *die formale Einteilung sozialarbeiterischer Praxis in* Soziale Einzelfallhilfe, Soziale Gruppenarbeit oder Gemeinwesenarbeit geht. Angegeben wird „... damit *die Form – Dyade, Gruppe oder Stadtteil –*" (ebd. S. 142).

Im *Supervisionskontext* wird *bei der Differenzierung der supervisorischen Arbeit* in Supervision *mit Einzelnen, Gruppen, Teams oder Organisationen von Settings gesprochen*. Den Begriff Settings definiert Buer (1996, zit. in Belardi 1996, 98) als „institutionalisierten Rahmen für psychosoziale Beziehungsarbeit".

Stammen die beiden Begriffe Arbeitsform und Setting auch aus unterschiedlichen Referenzsystemen (Soziale Arbeit sowie Psychotherapie), so ist dennoch mit beiden Begriffen gleichermaßen die

Einteilung der professionellen Arbeit mit Einzelpersonen, Gruppen oder einem größeren Adressatenkreis gemeint.

Ohne an dieser Stelle wiederholt auf die Geschichte von Supervision eingehen zu wollen – dies ist dokumentiert (u.a. Belardi 1994, 1996; Giesecke & Rappe-Giesecke 1997; Pühl 1994), ist festzustellen, dass Supervision in ihren Anfängen eine Aufgabe von Vorgesetzten war, die ihre Untergebenen beaufsichtigten, kontrollierten und ihnen dabei fachliche Ratschläge oder Anweisungen gaben. Im Gegensatz dazu hat sich Supervision im deutschen Sprachraum zu einer überwiegend freiberuflichen Tätigkeit entwickelt. Das bedeutet, dass Supervisoren stärker den Gesetzen des Marktes unterliegen als abhängig Beschäftigte. Sie müssen sich den Markt erschließen, Zielgruppen ausfindig machen, Bedürfnisse befriedigen oder auch wecken. Erfreulicherweise findet Supervision nicht mehr nur in psychosozialen, pädagogischen und gesundheitlichen Arbeitsfeldern Anwendung, sondern wird zunehmend auch in Wirtschaft und Verwaltung eingesetzt (vgl. Belardi 2005, 42). Will man eine bestimmte Zielgruppe erreichen, muss man ihre Sprache sprechen, Begriffe gebrauchen, die sie versteht. Man wird darauf achten, dass die Sprache einladend ist, nicht auf Vorbehalte stößt und keine Ängste weckt.

So ist es zu verstehen, dass sich für Supervision zahlreiche Begriffe herausgebildet haben, die den unterschiedlichsten Bedürfnissen der unterschiedlichen Zielgruppen gerecht zu werden versuchen. Hinter diesen Begriffen stehen Arbeitsformen, die speziell auf die jeweiligen Zielgruppen zugeschnitten sind, sich aber oft nicht konturiert voneinander abgrenzen lassen, sondern überschneiden. Die Unterschiede liegen eher im jeweiligen methodischen Ansatz des Supervisors oder in seiner Person oder in beidem.

Einen guten Überblick über die Arbeitsformen von Supervision gibt Belardi (1996, 131; 2005, 106). Ein wesentliches Unterscheidungsmerkmal sind drei Settings, in denen die verschiedenen Arbeitsformen Raum finden. Folgende Tabelle soll eine Übersicht über die Settings und die dazugehörigen Arbeitsformen schaffen.

Setting	Arbeitsform
Zweier-Setting:	Einzel-Supervision, Leitungssupervision Einzel-Coaching
Gruppen-Setting	Gruppensupervision Balint-Gruppen Team-Supervision
Organisations-Setting	Organisations-Supervision Organisationsberatung Organisationsentwicklung

Tabelle 1: Settings und Arbeitsformen von Supervision

2.2 Zweier-Setting (dyadische Arbeitsformen)

Beim Zweier-Setting kommen Supervisor und Supervisand zusammen, um aktuelle Anliegen des Supervisanden zu besprechen. Mögliche Arbeitsformen im Rahmen des Zweier-Setting sind die Einzelsupervision, die Leitungsberatung und das Coaching (mit einzelnen Personen).

2.2.1 Die Einzelsupervision

Die *Einzelsupervision* ist eine Form der dyadischen Supervision, in der eine einzelne Person ihre Arbeit bzw. ihre Arbeitssituation mit einer neutralen Person, dem Supervisor, reflektieren und ggf. überprüfen möchte. Einzelsupervision findet vorrangig für folgende Personengruppen Anwendung:

- Studierende, beispielsweise zur Reflexion der Lernergebnisse oder der praktischen Studiensemester,
- Praktiker aus den verschiedensten Arbeitsbereichen, zum Beispiel in Situationen beruflichen Wandels, in Krisensituationen oder bei Konflikten mit Kollegen und

- Personen, die sich in einer Supervisionsausbildung befinden, zur Reflexion eigener Supervisionserfahrungen und erster eigener Erfahrungen als Supervisor (vgl. Belardi, 1996; 2005).

Pühl (1994b) spricht von ratsuchenden Berufstätigen aus unterschiedlichen Arbeitsfeldern, die in der Einzelsupervision z. B. Klärung ihrer beruflichen Situation sowie persönliche Unterstützung suchen. Er unterteilt in zwei Gruppen: Der ersten Gruppe ordnet er die Ratsuchenden zu, die für ihre pädagogische oder therapeutische Arbeit eine gezielte Fall-Supervision suchen, und der zweiten Gruppe alle diejenigen, die aus anderen Gründen kommen (vgl. S. 85). Letzteren sei oft ihre Vorgesetztenfunktion und das Erfahren persönlicher und fachlicher Belastungsgrenzen gemeinsam. Ferner handle es sich um Teammitglieder, die große Vorbehalte gegen die Teamsupervision haben, individuelle Lösungsmöglichkeiten aber suchen. Die Teilnehmer kommen nicht nur aus sozialen, pädagogischen oder therapeutischen Arbeitsfeldern, sondern auch aus dem technischen Bereich.

In der *Rollenberatung* sieht Belardi (1996) „eine soziologische Variante der Einzelsupervision" (S. 100). Hier liegt der Fokus auf der Person mit ihrer Rolle und Funktion in der Organisation. Die Person als „Rollenträger" soll bei der Findung und Gestaltung ihrer Rolle unterstützt werden. Hantschk (1994) sieht in der Rollenberatung die Aufgabe, „die Vorstellungen, Forderungen und Beiträge verschiedener ... Rollenträger in eine für möglichst alle Beteiligten befriedigende Balance zu bringen beziehungsweise die Anforderungen und Beiträge der Organisation mit den Zielen, Bedürfnissen und Beiträgen der handelnden Personen sinnvoll zu verknüpfen" (S. 165).

2.2.2 Die Leitungssupervision

Die *Leitungssupervision* wird, wie es ihr Name bereits sagt, von Personen in Leitungsfunktionen in Anspruch genommen. In diesem Zweier-Setting steht die führende Rolle des Supervisanden im Vordergrund. Entscheidungen, Maßnahmen und inhaltliche Entwicklungen im Arbeitskontext sowie persönliche Befindlichkeiten können reflektiert und analysiert werden (Belardi 1996). Weigand (1994) definiert Leitungsberatung als „eine Variante von Supervision, die sich durch die Fokussierung der für Organisationen zentralen Führungsrolle bestimmt" (S. 152).

Für ihn ist die Leitungsberatung eine Form der Rollenberatung, die die Person mit ihrem Rollenverhalten in der Organisation – den Möglichkeiten und Grenzen in der Rollenausübung – thematisiert und somit einen Beitrag zur Personalentwicklung leistet.

2.2.3 Coaching

Von *Coaching* wird vor allem in Feldern der Wirtschaft, jedoch auch in der Verwaltung, im Sozialwesen und in der Politik, zur Unterstützung von Führungspersonen gesprochen. Wie in der Leitungssupervision geht es inhaltlich um die Belange der Person in einer übergeordneten beziehungsweise Führungsrolle und somit um Themen der Personalentwicklung (Belardi 1996). Schreyögg (1994 b) bezeichnet Coaching als „eine spezialisierte Variante von Supervision", die auch als Führungs- bzw. Leitungsberatung gesehen werden kann (S. 173). An anderer Stelle führt sie aus, dass Coaching auch als „Dialogform für Freud und Leid im Beruf" (2004, 101) sowie „als perfekt auf den Einzelnen zugeschnittene Maßnahme der Personalentwicklung" (1994, 173) bezeichnet werden kann. Coaching soll einen Rahmen zur Bewältigung unterschiedlichster beruflicher Krisen sowie für die Entwicklung zu mehr Selbstmanagement im Beruf für Manager und Sozialmanager auf unterschiedlichsten hierarchischen Ebenen bieten. In ihrer Beschreibung wird Coaching inhaltlich nicht von Leitungssupervision unterschieden. Nach Weigand (1994) unterscheidet sich Coaching „bezüglich seiner Systematik und Methodik" (S. 152) sehr wohl von der Leitungsberatung. Seiner Meinung nach kann Coaching lediglich als Ableger der Supervision betrachtet werden.

Meines Erachtens sind diese Unterschiede künstlich beziehungsweise durch den jeweiligen konzeptionellen Ansatz und persönlichen Anspruch des Supervisors bedingt. Auch Marketinggesichtspunkte haben eine Rolle bei der Einführung der unterschiedlichen Begriffe gespielt. Belardi (1996) verweist auf die Entwicklungsgeschichte von Supervision und die oft stark psychotherapeutisch orientierten Arbeitsformen. Dadurch sei der Begriff „Supervision" bei Managern auf eine Abwehrhaltung gestoßen, während der Begriff des Coaching einen gewissen Bekanntheitsgrad und Akzeptanz erlangte. Inzwischen scheint ein Umdenken begonnen zu haben:

Pädagogen und Therapeuten wissen es schon lange, Führungskräften in Wirtschaftsunternehmen dämmert es gerade: Die Reflexion beruflichen Handelns erleichtert die Arbeit. Supervision heißt die Methode, die sich die Wirtschaftswelt langsam aber sicher vom Non-Profit-Bereich abschaut (vgl. Kuntz 1999, 72-78).

Birgmeier (2005) stellt die These auf, dass Unterschiede und Gemeinsamkeiten zwischen Supervision und Coaching insbesondere durch das verschiedene begriffliche Verständnis sowie die unterschiedliche literarische Aufbereitung durch die einzelnen Autoren entstehen (vgl. S. 244). Er ist der Ansicht, dass es sich vordergründig um „sprachkulturelle Grenzen" (ebd.) handelt.

Also doch lieber Coaching als Supervision?

Nach Weigand (2000, 4, zit. in Belardi 2005, 57) lässt sich keine klare Grenze zwischen Supervision und Coaching ziehen. Er begründet seine Position damit, dass es im Coaching konzeptionell nichts gebe, was Supervisoren nicht auch wissen und können sollten.

Dennoch verweist Belardi (ebd.) auf die im Coaching erforderlichen betriebs- und personalwirtschaftlichen Kenntnisse sowie die Berücksichtigung spezifischer charakterlicher Merkmale, die für Personen in Managementfunktionen erforderlich sind. Dabei meint er z. B. „Machtbewusstsein, Effizienzdenken und ein höheres psychisches Abwehr- und Verleugnungspotential" (S. 58), das einen eher indirekten Umgang mit psychologischen Methoden und Interventionen impliziert.

Bauer (2004) diskutiert das Thema Supervision oder Coaching unter der Überschrift „Lieber mit den Wölfen heulen als mit den Schafen blöken" (S. 121). Dabei formuliert sie die Frage, ob Coaching evtl. zu einem Modewort geworden ist, das mit der Erwartungshaltung verknüpft ist, das Coaching u. U. „schneller, effizienter, ohne Psychokram" (ebd.) abläuft, als die Reflexionsprozesse in der Supervision. Bezüglich des Settings sowie der Zielgruppen gebe es zwar mittlerweile keine Unterschiede und die Praxis des Coachings könne auch als eine Art „Management-Supervision" (S. 126) bezeichnet werden, bedeutsam für das Coaching seien jedoch die wirtschaftlichen Fachkenntnisse als Schwerpunktbereich. Mir stellt sich an dieser Stelle allerdings die Frage, ob für Supervision in psychosozialen Arbeitsfeldern wirtschaftliche Belange heute nicht von ebenso hoher Relevanz sind. Ein weiterer Unterschied, den Bauer zur Debatte stellt ist, dass Supervision ein Instrument der Reflexion und „Aufklärung“ (ebd.) und Coaching eher ein Instrument der „Anpassung“ (ebd.) darstellt. Dabei nehme Supervision die Organisation und das Handeln der Menschen mit dem Ziel des „aufklärerischen Analysierens oder Verstehens“ (S. 127) in den Blick. Coaching hingegen fokussiere auf die Funktionalität der Handlungen in den Organisationen mit dem Ziel, den wirtschaftlichen Erfolg zu steigern. Meiner Erfahrung nach hat sich der psychosoziale Bereich und damit ebenso die Supervision in diesen Arbeitsfeldern auch hinsichtlich dieses Punktes der Wirtschaft angenähert. Selbst in Non-Profit-Organisationen geht es zunehmend um Effizienz und Anpassung an den Markt, was wiederum die Anpassung der Mitarbeiter an die sich verändernden Rahmenbedingungen verlangt und Thema in der Supervision ist.

In einer tabellarischen Gegenüberstellung der Gemeinsamkeiten und Unterschiede zwischen Coaching und Supervision von Rauen (2003, zit. in Birgmeier 2005, 242) werden nur wenige gravierende Unterschiede deutlich. Zudem widersprechen einige der skizzierten Unterschiede meinen Praxiserfahrungen als Supervisorin und Coach.

Zusammenfassend kann gesagt werden, dass die Unterschiede zwischen Supervision und Coaching einerseits von dem „Etikett“ bei der Nachfrage durch die potentiellen Kunden bestimmt wird und andererseits von den Interessen der Anbieter geprägt ist.

Nicht zuletzt unterscheidet sich Coaching, das in der Wirtschaft angeboten wird, von Supervision, die in psychosozialen Arbeitsfeldern Anwendung findet, durch die unterschiedlichen Preise für diese Dienstleistungen. Die Stunden- bzw. Tagessätze für Coaching mit Führungsmitarbeitern aus Wirtschaftsunternehmen dürften etwa dreifach so hoch sein wie für Supervision in Non-Profit-Organisationen. Und das, obwohl davon ausgegangen werden kann, dass die Qualifikation der Supervisoren und die Gestaltung der jeweiligen Beratungsprozesse nicht besser oder schlechter sind. Vielleicht erklärt sich daraus der Trend, dass immer mehr Supervisoren nun auch oder eher Coaching anbieten und immer mehr Bücher zum Thema Coaching auf den Markt kommen.

In den folgenden Kapiteln verwende ich für den Begriff Coaching synonym den Begriff Supervision, so dass alles, was ich zu Supervision ausführe auch gleichermaßen für Coaching gilt.

2.3 Gruppen-Setting

Vom Gruppen-Setting spricht man, wenn neben dem Supervisor ca. drei bis zwölf Personen zu einer Supervisionssitzung zusammenkommen. Im Rahmen des Gruppen-Settings sind die Gruppensupervision, die Balint-Gruppen-Arbeit und die Teamsupervision zu nennen.

2.3.1 Die Gruppensupervision

In der *Gruppensupervision* reflektieren Teilnehmer aus unterschiedlichen Praxisfeldern oder Organisationen ihr berufliches Handeln (vgl. Belardi 2005, 86). Rappe-Giesecke (1994) beschreibt als Hauptziel der Gruppensupervision, „die professionelle Kompetenz im Umgang mit KlientInnen und die eigene Arbeitszufriedenheit zu erhöhen“ (S. 77). Inhaltlich geht es sowohl um Fallbearbeitung als auch um institutionelle Rahmenbedingungen in Verbindung mit der Arbeit mit Adressaten oder der Zusammenarbeit mit Kollegen. Im Zentrum steht „immer die ‚draußen‘ stattfindende Arbeit eines der Gruppenmitglieder“ (Raguse 2005, 249). Teilnehmer der Gruppensupervision können z. B. sein:

- Vertreter der gleichen Profession, die aus unterschiedlichen Organisationen kommen, voneinander unabhängig sind, über die gleiche berufliche Erfahrung und etwa den gleichen hierarchischen Status verfügen oder
- Vertreter verschiedener Professionen, die aus unterschiedlichen Organisationen kommen, jedoch mit der gleichen Zielgruppe arbeiten.

Das gemeinsame Ziel ist, die eigene Arbeitspraxis zu reflektieren und mit Hilfe der Gruppe eine Erweiterung der persönlichen Handlungsoptionen zu erlangen. Die Bearbeitung der Fälle beziehungsweise problematischer Arbeitssituationen oder anderer Anliegen findet unter Leitung eines Supervisors statt.

Eine Variante der Gruppensupervision ist die *kollegiale Supervision,* auch *peer-group supervision* oder *Intervision* genannt (siehe auch

Kap. 7). Bei dieser Arbeitsform treffen sich Gruppen ohne externe Fachperson bzw. Supervisor, um ihre berufliche Arbeit zu reflektieren (vgl. Lippmann 2005, 12). Die zusammenkommenden Personen, meist Kollegen aus gleichen Praxisfeldern, widmen sich vordergründig der Fallarbeit (vgl. Belardi 2005, 90). Für Thiel (1994) führt die kollegiale Supervision ein nicht gerechtfertigtes Schattendasein. Sie ist für ihn ein angemessenes Reflexionsangebot, vor allem, wenn professionelle Supervision zu teuer oder (noch) nicht erforderlich ist. Ferner, wenn im Team Ängste vor einer externen Supervision bestehen und wenn Mitarbeiter mit langjähriger Berufserfahrung nach Beendigung eines professionellen Supervisionsprozesses in Eigenregie die Reflexion fortsetzen wollen.

2.3.2 Die Balint-Gruppen-Arbeit

Die *Balint-Gruppe* ist eine psychoanalytisch geprägte Form der Gruppensupervision, die sich in ihren Ursprüngen (erstmals in den 30er Jahren durch den Arzt und Psychoanalytiker M. Balint angewendet) an Ärzte richtete. Sie fokussiert auf die Reflexion und das Verständnis des bewussten und unbewussten Einflusses der eigenen Person auf die professionelle Beziehung, auf die Wirkung der Beziehung zwischen Arzt und Patient (vgl. Hege u. a. 1983). Im Rahmen von Fallbearbeitungen werden mit psychoanalytischen Methoden „Beziehungsanalysen" (Bauriedl 1993, 103) durchgeführt. Erwähnt sei diese Arbeitsform hier, da sie Einfluss auf die Entwicklung von Supervision genommen hat. Ging es in den Anfängen der Supervision im Kontext der Sozialen Arbeit um Anleitung und Kontrolle, fand durch die Psychoanalyse mit ihren Techniken eine Erweiterung auf die Reflexion der Rolle des Helfers, insbesondere des hilflosen Helfers, in der helfenden Beziehung statt. In der Balint-Gruppen-Arbeit geht es um die Beantwortung der Fragen:

> „Was macht der Hilfesuchende mit dem Helfer?
> Welche Macht, um das Wort ‚machen' beim Wort zu nehmen,
> übt der Hilfesuchende über den Helfer aus?
> Wie gestaltet der Ratsuchende die Beziehung zu ihm?
> Welche unbewussten Botschaften überbringt er?
> Mit welchen Machtmitteln kämpft er?

Genauer: mit welchen unbewussten Wünschen und Ängsten wendet er sich an den professionellen Helfer?
Wie tut er das und, häufiger noch, wie weigert er sich?
Welche unbewussten Szenen gelangen dabei zur Aufführung?
Wissen wir überhaupt davon?
Kennen wir das Stück, das zur Aufführung kommt?“ (Roth 2005, 144).

Bekannt und akzeptiert ist die Balint-Gruppenarbeit vor allem bei Ärzten, jedoch auch bei anderem medizinischen Personal, so auch in Krankenhäusern. Der Unterschied dieser Arbeitsform zur Gruppensupervision lag meines Erachtens bisher vor allem in der vordergründig analytischen Orientierung und der Fokussierung auf die Wechselwirkungen in der helfenden Beziehung. Mittlerweile finden in der Balint-Gruppenarbeit jedoch Aspekte wie die Interaktion mit Mitarbeitern beziehungsweise dem Team sowie institutionelle und gesellschaftliche Einflüsse und Wechselwirkungen auf die Qualität der Arbeit ebenso Beachtung (vgl. auch Möller 2003, 44).

2.3.3 Die Teamsupervision

Die *Teamsupervision* ist eine Form der Gruppensupervision, in der eine kooperierende Arbeitsgruppe beziehungsweise ein Team aus einer Institution zusammenkommt. Dabei kann das Team beruflich homogen sein oder sich aus Mitgliedern verschiedener Berufsgruppen zusammensetzen, einem sogenannten multiprofessionellen Team (vgl. Belardi 2005, 94). Die Teamssupervision wird in drei Anliegen bezogene Schwerpunkte unterteilt:

1. in eine fallbezogene,
2. in eine gruppendynamisch-selbsterfahrungsbezogene und
3. in eine institutionsbezogene Variante der Teamsupervision.

In der *fallbezogenen Teamsupervision* steht die konkrete Arbeit mit den Adressaten im Vordergrund. Gegenstand der *gruppendynamisch-selbsterfahrungsbezogenen Teamsupervision* sind hauptsächlich die Interaktionen der Teammitglieder untereinander, ihre Rollenzuschreibungen sowie Spannungen und Konflikte in ihrer Zusammenarbeit. Bei der *institutionsbezogenen Teamsupervision* wird der Fokus auf die strukturellen Rahmenbedingungen der Institution mit ihrer Hierarchie, den Machtverhältnissen und den expliziten und impliziten Ge- und Verboten gelegt (vgl. Kersting & Krapohl 1994). Eine klare Trennung der genannten Schwerpunkte lässt sich innerhalb des Supervisionsprozesses jedoch oft nur bedingt realisieren.

> „Was als Fallsupervision beginnt, kann stimmig in Konfliktmoderation und Rollenklärung, also Teamentwicklung übergehen [die Grenzen sind dabei zum Teil fließend]. Je nach Lage der Dinge muss der Supervisor dabei auf verschiedene Feldkomponenten (Adressatendynamik, Professionellendynamik, Institutionsdynamik) fokussieren und verschiedene Facetten seiner Beratungs- und Feldkompetenz reflektiert und aufeinander abgestimmt zum Einsatz bringen“ (Heltzel 1998, 74).

Eine Besonderheit der Teamsupervision ist außerdem, die „institutionelle Triangulation“ (Pühl 1998, 51), die vom Supervisor besonders beachtet werden sollte. Gemeint ist das Beziehungsdreieck zwischen Supervisor, dem Team und der Leitung, in dem der Supervisor Teil des Dreiecks ist. Hierbei ist es wichtig, dass der Supervisor neben der Arbeit mit dem Team, die Leitung nicht aus den Augen verliert. Auch hinsichtlich der Parteilichkeit beziehungsweise der Kunst weder für die Seite der Leitung noch für die Seite des Teams Partei zu ergreifen, im Supervisionsprozess aber dennoch akzeptierend, empathisch und kongruent zu sein, ist der Supervisor gefordert.

Auf die *Indoor-Supervision,* als eine Mischform aus Gruppen- und Teamsupervision, weist Belardi, (1996) mit der Begründung der Notwendigkeit zur weiteren Differenzierung der Teamsupervision hin. Bei der Indoor-Supervision setzt sich die Supervisionsgruppe aus Mitarbeitern derselben Institution, jedoch aus mehreren Abteilungen, Arbeitsgruppen oder Teams zusammen. Bearbeitet werden Themen, zu denen die Teilnehmer einen gemeinsamen Bezug haben. Diese Arbeitsform der Supervision kann neben der individuellen und adressatenbezogenen Wirkung sehr wohl auch Auswirkungen auf die Arbeit in den Teams als auch auf die Arbeit der Teams untereinander und die Organisation als Ganzes haben.

2.4 Organisations-Setting

Dem Organisations-Setting ordne ich alle Aktivitäten von Beratern, Supervisoren, Organisationsentwicklern und Forschern zu, die auf die Entwicklung der Organisation als Ganzes abzielen. Als mögliche Arbeitsformen sind die Organisationssupervison, die Organisationsberatung und als Überbegriff die Organisationsentwicklung zu nennen.

Organisationen zeichnen sich durch eine komplexe Struktur aus „(Untergliederung, Arbeitsteilung, Berufsrollen, Koordination, Kontrolle)" (Belardi 2005, 97). In ihnen arbeiten meist mehrere Teams, Abteilungen oder Organisationseinheiten an der Erfüllung definierter Ziele. Je größer und komplexer Organisationen sind, desto mehr nehmen Merkmale wie „Arbeitsteilung, Spezialisierung, Hierarchisierung und Bürokratisierung" (ebd. S. 99) zu.

Dies wiederum stellt hohe Anforderungen an die Kommunikationssysteme, die einen maßgeblichen Einfluss auf die Kooperation der Mitarbeiter und schlussendlich auf die Leistungsfähigkeit der Organisation haben.

Berater bzw. Supervisoren, die in Entwicklungs- bzw. Veränderungsprozesse von Organisationen einbezogen werden, sollten sich mit der jeweiligen Organisationsgeschichte und der daraus entstandenen Organisationskultur beschäftigt haben.

Die *Organisationsgeschichte* gibt Aufschluss über die Entstehungsgeschichte, den Grad der Differenzierung und die spezifische Kultur in einer Organisation.

Mit *Organisationskultur* sind „grundlegende Werte, Normen, Mythen, aber auch spezielle Umgangsformen und ‚geheime' Ziele" (ebd. S. 100) gemeint. Möller (2003) versteht unter Organisationskultur „ein kohärentes Set von Techniken, Wertvorstellungen und professionellen Praktiken bei innerorganisatorischen Interventionen" (S. 24). Sie führt aus, dass die kulturellen Muster für die Mitgliedern einer Organisation „im Wesentlichen implizit" (ebd.) bleiben, sie jedoch „als kollektive Orientierungsmuster ... ein gemeinsames Weltverständnis" (ebd.) bilden. Geprägt wird die Kultur einer Organisation neben ihrer Geschichte sowohl durch Faktoren wie die Branchenspezifität, das Organisationsumfeld und das Organisationsziel, als auch durch die

Art der Aufgabenerfüllung, die Berufsgruppenzugehörigkeit und die Adressaten bzw. Kunden (vgl. ebd. S. 25).

Veränderungsprozesse in einer Organisation können demnach nur gelingen, wenn die Organisationskultur berücksichtigt und die Mitarbeiter mit einbezogen werden.

2.4.1 Die Organisationssupervision

Die *Organisationssupervision* ist im Zusammenhang mit der Teamsupervision zu sehen. Da im Prozess der Teamsupervision auch immer institutionelle Aspekte eine Rolle spielen, sind für den Supervisor Kenntnisse der Organisationsberatung und -entwicklung notwendig (vgl. Fatzer 2005 b, 262). Zu den unter 2.3.3 beschriebenen Wechselwirkungen zwischen dem Supervisor, dem Team und der Leitung kommen die zu beachtenden Wechselwirkungen zwischen den Professionellen (dem Team, der Arbeitsgruppe), ihrer Arbeitsaufgabe (den Adressaten) und der Institution, was sich in den Anliegen der Supervisanden widerspiegelt.

Teamsupervision hat immer auch mit der Organisation als Ganzes zu tun und wird deshalb im Kontext der Organisationssupervision gesehen. *Supervision in Organisationen bezieht sich jedoch nicht nur auf das Team, da es in Organisationen auch andere Arbeitsgruppen gibt.* Weigand (1994) zählt zu den *für die Organisationssupervision relevanten Zielgruppen:*

- „die derzeit *vom selben Problem* oder Konflikt *betroffenen Mitarbeiter einer Organisation,*
- die *Mitglieder eines Projekts,*
- die gerade zu einem Termin *anwesenden Mitarbeiter eines Subsystems* (z.B. Station),
- die *Mitglieder einer bestimmten Führungsebene* (z.B. alle Abteilungsleiter),
- die *gleichen Funktionsträger verschiedener Subsysteme* (z.B. alle Stabsfunktionen),
- die *Angehörigen einer bestimmten Berufsgruppe,*
- *oder* tatsächlich *ein Team* ...“ (S. 130-131).

Nach Gotthardt-Lorenz (1994) bezieht sich die Organisationssupervision auf die Positionsinhaber der verschiedenen Subsysteme einer Organisation. *Ziel der Supervision ist eine Weiterentwicklung der Organisation durch die Optimierung der Strukturen und der Zusammenarbeit.* Die damit zusammenhängenden Widerspruchssituationen sollen besser verstanden und gestaltet werden können (vgl. ebd. S. 366). Gotthardt-Lorenz betont die Auseinandersetzung mit der Gesamtorganisation, wobei der Fokus auf dem jeweiligen Subsystem liegt.

2.4.2 Die Organisationsberatung

Bei der *Organisationsberatung* wird in erster Linie auf Ziel- und Strukturveränderungen des Gesamtsystems fokussiert. Für die Verortung von Organisationssupervision und Organisationsberatung führt Weigand (1994) eine interessante Überlegung an. Er spricht davon, dass die Verfahren und Methoden, die in der Supervision von Organisationen benötigt und angewendet werden, der Organisationsberatung zuzuordnen sind. Vorausgesetzt der Fokus der Organisationssupervision richtet sich auf die gesamte Organisation und sieht diese als Supervisandensystem, dann wäre die Organisationsberatung die bisher umfassendste Arbeitsform von Supervision. Für Supervisoren bedeutet dies, dass es in den Beratungsprozessen nicht mehr nur um individuelle und interpersonelle Verstehenskonzepte geht, sondern um das Erforschen, Entdecken und Begreifen der Gesetzmäßigkeiten und des Lebens in Organisationen, um an deren Veränderungen arbeiten zu können. In diesem Zusammenhang definiere sich die Organisationsberatung nach den Grundsätzen eines Organisationsentwicklungsprozesses (vgl. S. 131).

Buer (1999) bestätigt das indirekt, indem er die Notwendigkeit anspricht, dass sich Supervision mit der Organisationsentwicklung auseinandersetzen muss und gleichzeitig Supervision als Instrument der Organisationsentwicklung bezeichnet. Organisationssupervision sowie Organisationsentwicklung sind für ihn „an der Verbesserung von Humanität und Effektivität einer Organisation oder eines größeren Teils von ihr durch intendierte gemeinsame Lernprozesse aller Beteiligten interessiert" (S. 32). Er grenzt zwar die beiden Begriffe durch den Bezug der Supervision auf „Nahräume kleinerer Gruppen" voneinander ab, führt jedoch die Bedeutung der Supervision für längere Organisationsentwicklungsprozesse an.

Meines Erachtens muss Supervision in Organisationen heute das Gesamtsystem Organisation und, noch darüber hinaus, den Kontext, in den die Organisation eingebettet ist, im Blickfeld haben. Es genügt nicht mehr, auf die Reflexion und Verbesserung der arbeitsbezogenen Tätigkeiten mit ihren professionellen Interaktionen zu fokussieren, wichtig ist auch die Vermittlung von Organisationsbewusstsein, um somit ein Gefühl für das „Funktionieren“ der gesamten Organisation in ihrem Umfeld anzuregen. In diesem Sinne möchte ich mich der Idee von Weigand anschließen, die Organisationsberatung als umfassendste Arbeitsform der Supervision zu sehen. Denkbar ist dabei, dass die Beratungsarbeit in mehreren kleineren Gruppierungen oder Einheiten und von mehr als einem Berater realisiert und in übergreifenden Veranstaltungen vernetzt wird.

2.4.3 Organisationsentwicklung

Die Organisationsentwicklung ist ein mehrjähriger Prozess, der auf einen langfristigen und geplanten organisatorischen Wandel unter Beteiligung möglichst aller Mitarbeiter auf allen Hierarchieebenen *abzielt* (vgl. Belardi 2005, 105). Für die Gestaltung dieses Prozesses sind mehrere kooperierende Beraterteams aus externen und internen Experten nötig. Die externen Experten bringen das Wissen über Organisationsstrukturen sowie die Gestaltung von Veränderungsprozessen ein. Sie sind jedoch auf die Zusammenarbeit mit den internen Experten angewiesen, die z.B. Wissen über die Organisationskultur, latente Programme und Machtstrukturen zur Verfügung stellen und den Zugang zur Organisation sowie zu ihren jeweiligen Subsystemen ermöglichen (vgl. Rappe-Giesecke 2003, 18).

Für Fatzer (2005 a) geht der Begriff der Organisationsentwicklung noch über die Prozessdefinition hinaus, er bezeichnet Organisationsentwicklung als „ein Gebiet der Sozialwissenschaften, mit einem großen Instrumentarium von Methoden und Techniken zur Arbeit mit Gruppen, Teams und Organisationen“ (S. 56). Die Basis für die Organisationsentwicklung haben die Arbeiten von Kurt Lewin und Douglas Mc Gregor geschaffen, die davon überzeugt waren, dass durch Wissenschaft (z.B. die Aktionsforschung) soziale Probleme wie die Zusammenarbeit zwischen Arbeitern und Managern verbessert

werden können. Aufbauend auf Lewins ursprüngliches Modell des Organisationsentwicklungsprozesses, das in die drei Phasen *Auftauen* (freeze), *Wandel* (change) und *Wiederformierung* (refreezing) untergliedert war, differenziert Fatzer (ebd.) den *Prozess der Organisationsentwicklung in die fünf Phasen*: Kontakt und Vertrag (1), Diagnose (2), Intervention (3), Auswertung und Institutionalisierung (4) und Abschluss (5) (vgl. S. 66-81).
Konkrete Bestandteile der Organisationsentwicklung sollten nach Belardi (2005) eine *Organisationsanalyse, Weiterbildungen und Strukturveränderungen in der jeweiligen Organisation sowie Organisationsberatung und -supervision* sein.

Eine *Organisationsanalyse* sollte, nach Abschluss des Kontraktes, immer am Anfang von umfassenden Veränderungsprozessen in einer Organisation stehen und die Grundlage für alle weiteren Planungen bzw. Aktivitäten bilden. Im Rahmen der Organisationsanalyse werden alle erreichbaren Daten und Informationen über die Organisation, wie z.B. Organigramme, Stellen- und Dienstpläne, Ablaufschemata und Mitarbeiterbefragungen gesammelt, interpretiert und möglichst mit allen Beteiligten kommuniziert. Im Ergebnis soll es zu einer Reflexion der gesamten Organisation kommen (vgl. ebd. S. 104).

Das Ziel sind „lernende Organisationen" (Fatzer 2005 a, 58), die mit Hilfe der Organisationsentwicklung zur kontinuierlichen Selbstreflexion, zum Wandel und schlussendlich zur Hilfe zur Selbsthilfe befähigt werden sollen.

Von *lernenden Organisationen* wird gesprochen, wenn sich die gesamte Organisation zu permanenten Lern- und Veränderungsprozessen verpflichtet. Das Ziel dabei ist, sich kontinuierlich weiterzuentwickeln und an die Umwelt anzupassen (vgl. Fischer u. Graf 2000, 80). In dem Prozess des Organisationslernens lernt die gesamte Organisation fortdauernd über sich selbst. Wichtig dabei ist, dass der Lernprozess aller Mitarbeiter gefördert wird. In diesem Lernprozess erarbeiten alle Ebenen (einzelne Mitarbeiter, Gruppen und Subsysteme) gleichermaßen neues Wissen, neue Werkzeuge, neue Verhaltensweisen und Wertmaßstäbe (vgl. Fatzer 2005 c, 391).

3

3. Gibt es „die" Supervision?
Konzepte, Modelle bzw. Ansätze von Supervision

3.1 Konzepte und Modelle von Supervision und der Versuch einer Übersicht

Versucht man sich gegenwärtig einen Überblick über die Theorien, Konzepte oder Modelle in der Supervision zu verschaffen, wird man mit einer Vielzahl von Ansätzen konfrontiert. Zu den konzeptionellen Wurzeln der Supervision, dem Casework-Ansatz aus der Sozialen Arbeit und der Psychoanalyse, sind im Laufe des zwanzigsten Jahrhunderts viele zum Teil sehr unterschiedliche Modelle hinzugekommen. In der Literatur ist eine verwirrende Vielfalt an Konzepten zu finden, daneben Kritiken von Vertretern eines bestimmten Ansatzes an anderen Ansätzen und der Ruf nach einem übergreifenden „wissenschaftlich objektiven Fundament, das dem Supervisor als Basis für die Begründbarkeit seiner Intervention dient" (Brandau 1991, 17). Die Theorie der Supervision gibt es nicht, vielmehr existiert ein Pluralismus von Ansätzen, deren Methoden und Techniken bzw. Verfahren in der Supervisionspraxis zum Teil kombiniert Anwendung finden (vgl. Belardi 1996, 127). In diesem Zusammenhang stößt man in der Literatur auch auf Warnungen, zum Beispiel vor einer Therapeutisierung der Supervision (vgl. Gröning 1996, 96), vor einer zu starken Orientierung an gruppendynamischen und institutionsanalytischen Aspekten sowie einer Hinwendung zu einem „eklektizistischen Verschnitt verschiedener Verfahren“ (Gaertner 1998, 93) und vor „Polypragmatismus“ und „Größenwahn“ (ebd. S. 96) im Zusammenhang mit der Verführung zur Arbeit im Profitsektor. Auch Petzold (2003) spricht von einer kaum überschaubaren Zahl von unterschiedlichen Supervisionsverständnissen, Ansätzen, Methoden und Schulen, für die in theoretischer bzw. methodischer Hinsicht noch kein *„gemeinsamer Nenner“* (S. 68) gefunden werden konnte. Er bemängelt das Fehlen übergreifender Referenztheorien und „generalisierter Leit- oder Brückenkonzepte, ‚Integratoren‘ ..., die von einer hinreichend großen, *übergreifenden* ‚community‘ als gültig und bindend angesehen“ (ebd.) wird.

Da im bisherigen sowie dem folgenden Text wiederholt von den Begriffen Konzept, Methode und Verfahren die Rede ist, werde ich an dieser Stelle eine kurze Begriffsklärung vornehmen. Konzepte sind nach Geißler/Hege (2007) Handlungsmodelle, die Ziele, Inhalte, Methoden und Verfahren (Techniken) in einen sinnhaften Zusammenhang bringen (vgl. S. 20-21). Methoden sind demnach Teilaspekte von Konzepten. Sie können als ein vorausgedachter Plan der Vorgehensweise verstanden werden (vgl. ebd. S. 21-25). Verfahren (auch als Techniken bezeichnet) sind Einzelelemente von Methoden (vgl. ebd. S. 25). Sie unterscheiden sich von Methoden durch ihren geringeren Grad an Komplexität.

Bevor ich auf die Idee von Buer (1999), die verschiedenen Supervisionsansätze „im Korridor“ der „pragmatischen Grundlegung“ (S. 72) in Verbindung zu bringen, eingehe, werde ich versuchen, einige wesentliche Konzepte der Supervision zu nennen.

Ohne Anspruch auf Vollständigkeit stelle ich in Kap. 3.2 *Supervisionskonzepte* vor, *die sich an* folgenden *grundlegenden Therapie- und Beratungsansätzen orientieren:*

1. Psychoanalyse,
2. Gestalttherapie,
3. Psychodrama,
4. Systemische Familientherapie,
5. Gesprächspsychotherapie,
6. Verhaltenstherapie,
7. Integrative Therapie und Beratung,

8. Pädagogische Ansätze und Konzepte,
9. Gruppendynamik,
10. Neurolinguistisches Programmieren (NLP),
11. Themenzentrierte Interaktion (TZI),
12. Transaktionsanalyse und
13. Organisationstheoretische Konzepte.

3.2 Vorstellung grundlegender Therapie- und Beratungsansätze als Basis von Supervisionskonzepten

In der sich anschließenden tabellarischen Übersicht benenne ich in der ersten Spalte grundlegende Therapie- und Beratungsverfahren bzw. theoretische Konzeptionen, aus denen sich die jeweiligen Supervisionsmodelle entwickelt haben. Eine kurze Vorstellung der Supervisionsmodelle nehme ich in der zweiten Spalte vor. Die dritte Spalte beinhaltet ausgewählte Literaturhinweise zu dem jeweiligen Supervisionsmodell bzw. -konzept.

Grundlegende Therapie- und Beratungsverfahren

Psychoanalyse

Supervisionsansatz

Die psychoanalytische Supervision orientiert sich an den Grundlagen der Psychoanalyse bzw. den psychodynamisch orientierten Therapieformen. Diese gehen davon aus, dass unbewusste psychische Prozesse unser Verhalten steuern. Das Unbewusste besteht in diesem Ansatz aus konflikthaften Erlebnissen und Phantasien der Vergangenheit (Kindheit), die verdrängt wurden. Der psychoanalytischen Supervision sind die Lehranalyse, die Kontrollanalyse, die psychoanalytisch orientierte Einzelsupervision, die Balint-Gruppenarbeit und weitere Modelle psychoanalytischer Gruppensupervision zu zuordnen. Methodisch und inhaltlich stehen in der psychoanalytischen Supervision das Unbewusste, insbesondere die Prozesse von Übertragung und Gegenübertragung in der Beziehung zwischen Professionellen und Adressaten sowie der „Parallelprozess" auch „Spiegelungsphänomen" genannt, im Mittelpunkt. Dabei ist die Haltung des Supervisors durch Abstinenz, Neutralität und eine „gleichschwebende Aufmerksamkeit" geprägt, er regt zum spontanen Berichten und zur freien Assoziation an, auf dessen Grundlage analysiert und gedeutet wird.

Literatur

Pühl 1984; Bauriedel 1986; Pühl/Schmidtbauer 1986; Körner/Neubig/Rosin 1991; Kächele 1993; Schmelzer 1997

Grundlegende Therapie- und Beratungsverfahren
Gestalttherapie
Supervisionsansatz
Bei der Gestalt-Supervision stehen die persönlichen Erfahrungen, die Wahrnehmungen, Empfindungen und das Erleben des Supervisanden im Vordergrund. Auf der philosophischen Basis humanistischer Psychologie wird ein emotional geprägtes, erfahrungsorientiertes Lernen mit Hilfe von Gestalttechniken und kreativen Materialien angestrebt. Neben dem vordergründigen Selbsterfahrungsaspekt haben kognitive Strukturierung und Systematisierung eine geringe Bedeutung. In Analogie zu gestalttherapeutischen Prinzipien setzt die Gestalt-Supervision an dem Material an, wo die Supervisanden in der Arbeit mit ihren Adressaten „steckenbleiben". Die Supervisanden explorieren mit Hilfe der Gestalttechniken – einzeln oder in Gruppen – ihre eigenen Gefühle, Identifikationen, Projektionen, Ambivalenzen und Konflikte. Dieses Bearbeiten und „Durcharbeiten" soll in Folge wieder zu einer „Verflüssigung" des professionellen Geschehens mit den Adressaten führen.
Literatur
Schreyögg 1986, 1991; Hinnen 1990; Fengler 1993; Müller/Müller-Ebert 1994; Schmelzer 1997

Grundlegende Therapie- und Beratungsverfahren
Psychodrama
Supervisionsansatz
Im Psychodrama werden intrapersonale und interpersonelle Konflikte und Probleme in Rollenspielen zur Darstellung gebracht und bearbeitet. Die Arbeitsweisen der psychodramatisch orientierten Supervision erfolgen analog, grenzen jedoch die Konflikte und Probleme auf den beruflichen Kontext ein.
Literatur
Hundsalz 1985; Schwinger 1986; Buer 1996, 1999; Krüger 1990; Ritscher 1996

Grundlegende Therapie- und Beratungsverfahren
(Systemische) Familientherapie
Supervisionsansatz
Die familientherapeutische Supervision, deren Ansätze sich in unterschiedlicher Intensität auf die Systemtheorie beziehen, ist in Anlehnung an das jeweilige familientherapeutische Modell strukturiert und kann entsprechend der bekanntesten Modelle in 1. strukturell-familientherapeutische, 2. direktiv-strategische, 3. psychodynamisch-familientherapeutische und 4. entwicklungsorientierte Ansätze untergliedert werden.
Stehen bei strukturell-familientherapeutischen Konzeptionen Hierarchien, Macht, Grenzen, Koalitionen und Verstrickungen im Vordergrund, wird

bei direktiv-strategischen Ansätzen das Hauptaugenmerk eher auf „Lösungen im Hier-und-Jetzt“ und Techniken wie Verschreibungen und die paradoxe Intervention gelegt. Die psychodynamisch-familientherapeutischen Konzepte legen besonderen Wert auf die persönliche und familiäre Entwicklung des Supervisanden. Bei den entwicklungsorientierten Ansätzen geht es vorrangig um eine Realisierung der Basisannahmen von Virginia Satir.
Systemische Supervisionsmodelle gehen über die Schwerpunkte der genannten familientherapeutischen Schulen hinaus. Sie nehmen systemisches Denken als Basis ihrer Konzeptualisierungen und versuchen systemtheoretisches Gedankengut für die Theorie und Praxis der Supervision nutzbar zu machen.

Literatur

Simon/Stierlin 1984; Brandau 1991; Neumann-Wirsing/Kersting 1992, 1998; Schumacher 1997; Schmelzer 1997; Ebert 1999; Weiss/Haertel-Weiss 1999

Grundlegende Therapie- und Beratungsverfahren

Gesprächspsychotherapie

Supervisionsansatz

Gesprächspsychotherapeutische Supervision ähnelt in ihrem Vorgehen dem Ansatz der klienten- oder personenzentrierten Therapie. Im Zentrum der Supervision stehen hier sogenannte wachstumserleichternde Bedingungen mit dem Ziel, eine Zunahme des Selbstvertrauens sowie des Verständnisses für die eigene Person und das professionelle Handeln des Supervisanden zu bewirken. Der Supervisor schafft durch eine Haltung, die sich durch Empathie, Akzeptanz, Kongruenz und bedingungslose Wertschätzung auszeichnet, ein Klima, das dem Supervisanden die Selbstexploration und somit einen Zugang zu unbewussten Problemanteilen, aber auch inneren Potenzialen ermöglichen soll. Eine häufig verwendete Technik ist die des Widerspiegelns. Dabei erhalten die Supervisanden sehr konkrete Rückmeldungen darüber, inwieweit sie empathisch zuhören und verstehen können, und die Wahrnehmung in der Arbeit mit den Adressaten (z.B. Stimmqualität, Sprechtempo, auffällige Wortwahl) wird somit geschult.

Literatur

Rogers 1972; Westermann 1991; Bartel 1994; Auckenthaler, 1991; Schlechtriemen 1996

Grundlegende Therapie- und Beratungsverfahren
Verhaltenstherapie
Supervisionsansatz
In der verhaltenstherapeutischen Supervision liegt der Schwerpunkt auf dem Erwerb professioneller Kompetenzen sowie der Bewältigung von Problemen auf der Grundlage von Lerngesetzen und dem Lernen als Prozess. In dem zugrunde liegenden Konzept des Lernens wird die Auffassung vertreten, dass jedes Verhalten erlernt wurde und verlernbar ist. Bei Verhaltensdefiziten können neue Verhaltensweisen aufgebaut werden. Ein Supervisor, der nach diesem Konzept arbeitet, betrachtet das Verhaltensrepertoire des Supervisanden, identifiziert Defizite und entwickelt auf der Grundlage der Lerntheorie Strategien zur Erarbeitung neuer alternativer Verhaltensweisen. Verhaltenstherapeutische Supervisionsmodelle betrachten die Kompetenzen der Supervisanden als in eine Vielzahl von einzelnen Verhaltensweisen zerlegbar. Die für die Optimierung der Arbeit notwendigen Fertigkeiten sollen in der Supervision gelernt und störende Verhaltensweisen gelöscht werden.
Literatur
Lieb 1993, 1994; Zimmer 1996; Schmelzer 1997

Grundlegende Therapie- und Beratungsverfahren
Integrative Therapie
und Beratung
Supervisionsansatz
Die integrative Supervision wurde seit Anfang der siebziger Jahre parallel zur „Integrativen Therapie“ entwickelt. Sie versucht auf der Basis phänomenologischer Annahmen psychoanalytische, erlebnisaktivierende, gestalttherapeutische, kommunikationstheoretische, psychodramatische, organisationssoziologische, sozialpsychologische und systemtheoretische Theorien, Konzeptualisierungen und Methoden zu einem integrativen, methodenpluralen Ansatz zu vernetzen. Den Konzepten der Mehrperspektivität und der Exzentrizität kommen besondere Bedeutung zu. Supervision wird in diesem Sinne verstanden als praxisgerichtetes Reflexions- und Handlungsmodell mit dem Wirklichkeit mehrperspektivisch beobachtet, multitheoretisch integriert und methodenplural beeinflusst wird. Sie will die soziale und fachliche Kompetenz und Performanz der Supervisanden fördern und einen Beitrag zur Sicherung und Entwicklung der Effizienz und Humanität professioneller Praxis leisten.
Literatur
Petzold 1998; Schreyögg 1986, 1992, 1994

Grundlegende Therapie- und Beratungsverfahren

Pädagogische Ansätze und Konzepte

Supervisionsansatz

Es gibt eine Reihe verschiedener Ansätze zur pädagogischen Supervision, die sich durch folgende Charakteristika von anderen Supervisionsformen unterscheiden. Im Zentrum der pädagogischen Supervision soll das pädagogisch Gemeinte und Gewollte stehen; ihr Ziel ist die Auflösung verknoteter Zusammenhänge. Die instrumentellen Methoden dienen der pädagogischen Supervision lediglich als Hilfen. Pallasch (1993) hat eine Idealformel zur pädagogischen Supervision entwickelt: Er versteht unter pädagogischer Supervision die vorurteilsfreie und wertoffene Reflexion des beruflichen Tuns auf der Basis einer symmetrischen Kommunikation. Die berufliche Reflexion kann mit biographischen Anteilen korrespondieren. Ziel der Supervision ist es, dass sich für den Supervisanden bestätigende, korrigierende oder alternative Sichtweisen, Denk- oder Handlungsstrategien entwickeln lassen. Bei ihrer Vorgehensweise konzentriert sich die pädagogische Supervision auf die Ebene des praktischen Tuns, die Ebene der Ziele und Absichten sowie die Ebene der Persönlichkeit.

Literatur

Pallasch 1993, 1995; Spiess 1991; Ehinger/Henning 1994; Linden 1994; Petermann 1995; Garz 1996; Schneider 1996

Grundlegende Therapie- und Beratungsverfahren

Gruppendynamik

Supervisionsansatz

Gruppendynamik (vgl. Rechtien 1992) ist die Lehre von den Strukturen und Prozessen, die in Gruppen wirken. Unter dem Begriff Gruppendynamik werden heute unterschiedliche sozialwissenschaftliche, soziotechnische, emanzipatorische Bemühungen und Versuche zusammengefasst. Ihre gemeinsame Intention besteht darin, die durch Isolierung des Subjekts sowie durch Entfremdung und Kommunikationsschwierigkeiten konstituierte Identitätszerstörung aufzuheben. Gruppendynamik will durch Verbesserung der Selbst- und Fremdwahrnehmung die soziale Kompetenz der Gruppenteilnehmer verbessern. Gruppendynamisch orientierte Supervision fokussiert gruppendynamische Gesetzmäßigkeiten sowie gruppendynamische Effekte und Phänomene.

Literatur

Bennis 1972; Bion 1974; Conrad/Pühl 1983; Heigl-Evers/Heigl 1984; Nellessen 1990; Schmidtbauer 1992

Grundlegende Therapie- und Beratungsverfahren

Neuro-linguistisches Programmieren (NLP)

Supervisionsansatz

NLP wurde von Bandler und Grinder (1979, 1982) aus Beobachtungen und Analysen der therapeutischen Arbeit Eriksons, Perls und Satirs entwickelt und genießt den Ruf einer spektakulären Kurzzeit-Therapiemethode. In der NLP orientierten Supervision wird die Bedeutung des Ressourcenzustandes und der Metaprogramme (Sortierfilter der Wahrnehmung – selektive Wahrnehmung) der Supervisanden betont. Ziel ist die Erhöhung des Ressourcenzustandes und die Erweiterung der Grenzen der Wahrnehmungsmöglichkeiten. Zudem wird an positiv formulierten, klaren Zielen und der Überwindung von negativen, behindernden Glaubenssätzen gearbeitet.

Literatur

Brandau 1991; Kutschera 1991; Lankton 1991; Schüers 1991; Gründler 1995

Grundlegende Therapie- und Beratungsverfahren

Themen-zentrierte Interaktion (TZI)

Supervisionsansatz

In der TZI (vgl. Cohn 1974) werden Erkenntnisse der Psychotherapie für ein lebendiges Lernen in Gruppen nutzbar gemacht. Das Verbinden von Erfahrungen des realen Alltags mit dem Gefühlsleben zielt darauf ab, Menschen zu befähigen humaner miteinander umzugehen. Methodisch bedeutsam für die Gestaltung des Gruppenprozesses ist die Beachtung folgender vier Strukturanteile: 1. das einzelne Gruppenmitglied (Ich), 2. die Gruppe (Wir), 3. das gemeinsame Thema (Es) und 4. die äußere Realität (Globe). In der Supervision, die sich an diesem Modell orientiert, werden das Strukturmodell, die Axiome und Postulate der TZI auf die Supervisionsarbeit übertragen.

Literatur

Raguse-Staufer/Raguse 1980; Eichberger 1990; Hahn u.a. 1997

Grundlegende Therapie- und Beratungsverfahren

Transaktionsanalyse

Supervisionsansatz

Die Transaktionsanalyse (vgl. Berne 1970, Harris 1975) geht von der Grundannahme aus, dass jeder Austausch zwischen Menschen als Transaktion beschrieben werden kann und benennt verschiedene Ebenen: komplementäre, gekreuzte und verdeckte Transaktionen. Die Transaktionsanalyse will den Menschen Möglichkeiten eröffnen in ihrem jeweiligen „Erwachsenen-Ich“ klar und sachlich miteinander kommunizieren zu können. Supervision, die diesen Ansatz nutzt, wendet die Modelle der Transaktionsanalyse implizit als Reflexionshintergrund für das eigene Agieren mit dem Gegenüber und explizit als Kommunikations- und Zuwendungskonzept an.

Literatur

Karnath 1989; Hagehülsmann 1992; Hennig/Pelz 1997; Pigulla 1994; Schlegel 1987)

Grundlegende Therapie- und Beratungsverfahren

Organisationstheoretische Konzepte
(*Lernende Organisation, *Organisationsmodelle, *Organisationsentwicklung, *Qualitätsmanagement, *Konzeptentwicklung, *Personalmanagement, *Corporate Identity, *Führungstheorien, *Sozialmanagement, *Konfliktmanagement)

Supervisionsansatz

Alle organisationstheoretischen Konzepte beinhalten die Intention, Organisationskulturen durch Interventionen zu verändern. Die Interventionen können sich auf die Organisationskultur, die Prozesse in der Organisation, auf Ereignisse in der Organisation sowie auf einzelne Mitglieder, Dyaden, Triaden, kleine Gruppen, Intergruppenbeziehungen und auf die Organisation als Ganzes beziehen. In der Supervision die sich an diesen Ansätzen orientiert finden die organisationstheoretischen Konzepte Eingang in die supervisorische Konzeptbildung. Ein Beispiel dafür ist die Thematisierung von Inter- und Intrarollenkonflikten oder die Unterstützung des organisationalen Lernens durch Supervision.

Literatur

Lotmar/Tondeur 1989; Fatzer 1990; Rosenkranz 1990; Senge 1990, 1996; Maelicke 1994; Probst/Büchel 1994; Schwarz 1996; Engelhardt/Graf/Schwarz 1996; Bobzien/Stark/Strauss 1996

Zusammenfassend kann festgestellt werden, dass die Veränderungs- und Bewältigungsprinzipien der hier aufgeführten Therapie- und Beratungsansätze auf den Supervisionsprozess übertragen werden und die in der Supervision eingesetzten Methoden denen der jeweiligen Therapierichtung gleichen bzw. sehr stark ähneln.

3.3 Der Pragmatismus – ein Verbindungsglied zwischen den verschiedenen Konzepten?

Im Rahmen der Konzeptionalisierungsdebatte der Supervision sehe ich Kriterien wie die Angemessenheit und die Überprüfbarkeit verwendeter Ansätze und Modelle mit ihren jeweiligen Techniken und Verfahren als bedeutsam an. Einen konstruktiven Vorschlag dazu äußert Buer (1999) in seinem Lehrbuch der Supervision. Er spricht sich für den Pragmatismus als Verbindungsglied zwischen den verschiedenen Konzepten in der Supervision aus. Der Pragmatismus wird von ihm als „antifundamentalistische ... jede Universalisierung deterministischer Erklärungsmuster [kritisierende] ... pluralistische“ (ebd. S. 38-39) Denkrichtung vorgestellt. Dies bedeutet, dass von keiner absoluten Wahrheit und keinem sicheren Wissen ausgegangen werden kann und dass aus Erfahrungen keine Gesetze, sondern nur Handlungsmaximen abgeleitet werden können.

In diesem Zusammenhang ist es wichtig, dass unterschiedliche Wissensformen und Wissenschaftsdisziplinen mit ihren verschiedenen Perspektiven herangezogen und an ihrer Bedeutung und Brauchbarkeit für die Praxis „in einem offenen intersubjektiven Diskurs überprüft werden“ (ebd. S. 39).

In der „pragmatischen Grundlegung der Supervision“ (ebd. S. 72) sieht Buer eine gute Basis zur Kooperation mit verschiedenen Richtungen der Supervision. Er verwendet die Metapher eines „gemeinsamen Korridors ... auf dem man sich begegnen kann, ohne sein Zuhause aufgeben zu müssen“ (ebd. S.72). Für ihn ist das vom jeweiligen Supervisor ausgewählte, von ihm bevorzugte und zu ihm passende Verfahren aus einem entsprechenden Ansatz eine wesentliche Voraussetzung für erfolgreiche Supervisionsarbeit und sollte nicht zugunsten einer allgemeingültigen Supervisionstheorie negiert werden. Ein gemeinsamer Supervisionsdiskurs sei trotz unterschiedlicher Ansätze mit einem Verbindungsglied wie der pragmatischen Perspektive denkbar, wenn alle Supervisionsrichtungen ihr spezifisches Wissen und ihre Begrifflichkeit durch die Brauchbarkeit und Wirksamkeit für die Praxis in entsprechenden Evaluationsstudien überprüfen ließen. Dabei sei jede Art von Dogmatismus einerseits und Beliebigkeit andererseits zu vermeiden.

Betrachtet man zusammenfassend das, was die aktuelle supervisorische Praxis an Konzepten und Modellen prägt, im Zusammenhang mit immer deutlicher werdenden Forderungen nach der Erforschung der Wirksamkeit von Supervision, ist der Vorschlag von Buer meines Erachtens im wahrsten Sinne des Wortes als pragmatisch und konstruktiv zu sehen.

4

4. Wir brauchen dringend Supervision!

Anlässe zu Supervision sowie der Ablauf und die Inhalte von Supervision

Die Gründe, warum einzelne Personen Supervision bzw. Coaching in Anspruch nehmen und warum Supervision in Teams bzw. Organisationen implementiert wird, sind vielfältig. Ebenso gibt es verschiedenste Themen, die im Verlauf einer Supervisionssitzung bearbeitet werden können. Eine beispielhafte Auswahl von Anlässen zu Supervision sowie die Skizzierung der Prozessgestaltung und möglicher Inhalte werden in den folgenden Punkten dieses Kapitels vorgestellt.

4.1 Anlässe zu Supervision bzw. Coaching

Fragt eine Person, eine Organisationseinheit oder die Führungsebene einer Organisation erstmals nach Supervision, muss zu Beginn immer der Anlass geklärt werden. Es ist für die Gestaltung des weiteren Supervisionsprozesses von nicht unerheblicher Bedeutung, ob etwas Besonderes vorgefallen ist, das in der Arbeit mit den Supervisanden beachtet werden sollte. *Typische Anlässe für eine Supervisionsanfrage* könnten z.B. sein:

- aktuelle Probleme mit Adressaten oder Kunden,
- Anpassung an die Anforderungen des Marktes,

- Konflikte bzw. Spannungen in Teams, Gruppen oder Organisationseinheiten,
- Unzufriedenheit der Mitarbeiter und hohe Krankenstände,
- „Pflege“ von Mitarbeitern oder Teams mit besonders belastenden Arbeitssituationen,
- Fehler der Leitung mit Auswirkungen auf die Arbeit von Teams, die dort wieder ausgeglichen werden sollen,
- Integration neuer Mitarbeiter in Teams, Gruppen oder Organisationseinheiten,
- Vorbereitung der Gruppen- bzw. Teammitglieder auf neue Aufgaben und Herausforderungen,
- Leistungssteigerung der Mitarbeiter, der Gruppe oder des Teams,
- Förderung ausgewählter Mitarbeiter im Rahmen von Personalentwicklung,
- Vorbereitung der Mitarbeiter auf einen Generationswechsel,
- Veränderungen in der Organisationskultur z.B. durch einen Führungswechsel,
- Umstrukturierungen in bestimmten Organisationseinheiten bzw. der gesamten Organisation (vgl. Belardi 2005, 72-73; Birgmeier 2005, 67-69; Rauen 2005, 186-187).

Der Supervisionsprozess, hier gemeint als Rahmen für die gesamte supervisorische Arbeit, vom ersten Kontakt bis zur Beendigung der Supervision, beginnt mit dem sogenannten *Erstkontakt* (vgl. Rappe-Giesecke 2003, 118). Dieser erste Kontakt bzw. Kontakte können schriftlich, telefonisch und/oder persönlich z.B. mit der Supervision suchenden Person, Vertretern eines Teams, dem Leiter einer Organisationseinheit bzw. Organisation oder der Personalmanagerin eines Unternehmens stattfinden.

Innerhalb der ersten Kontakte/Gespräche zwischen dem Supervisor und der Person/den Personen, die nach Supervision fragen, sollte der Supervisor eine sogenannte *Analyse der Nachfrage* (vgl. Belardi ebd. S. 73) durchführen. Darin trägt er Informationen über die jeweilige Organisation, das mögliche Problem und den Prozess der Entscheidung zur Supervision zusammen. Es ist auch nützlich zu analysieren, auf welcher Ebene die Probleme oder Anliegen lokalisiert sind (vgl. Ferner 1998). Im Kontext der Nachfrage-Analyse finden auch Gespräche mit den potentiellen Supervisanden bzw. eine Probe-Supervisions-Sitzung statt, in der sich der Supervisor als Person sowie seinen konzeptionellen Ansatz vorstellt. Dabei erläutert er auch mit welchen Methoden und Verfahren er arbeitet. In der gesamten Vorbereitungsphase ist es wichtig, dass der Arbeitsauftrag zur Supervision bzw. die Ziele so klar und eindeutig wie möglich definiert werden. Unrealistische Phantasien und Wünsche müssen angesprochen sowie die Leistungsmöglichkeiten, aber auch Grenzen von Supervision geklärt werden.

Als Ergebnis der Vorbereitungen für die Supervision sollte ein *Kontrakt* entstehen, der schriftlich zumindest folgende Punkte fixiert:

- die Vertragspartner (die jeweils eine Hauptpflicht haben: der Supervisor hat die definierte Leistung zu erbringen und der „Anfragende" oder Auftraggeber hat die Bezahlung der Leistung sicherzustellen),
- Arbeitsauftrag und Ziele der Supervision,
- Konzept der Supervision, mit dem die Ziele erreicht werden sollen,
- Anzahl und Zeitumfang der Sitzungen,
- teilnehmende Supervisanden,
- Ort der Sitzungen,
- Regeln für die Sitzungen (Anonymität, Nichtteilnahme, Verspätung, ausgefallene oder verschobene Sitzungen, Konsequenzen bei Regelverstoß u.a.),
- ggf. Beziehung zwischen Supervisor und Leitung,
- ggf. Kontrollmöglichkeiten bzw. Rückmeldung über Stand und Erfolge der Supervision an die Leitung,
- Erfolgskontrolle innerhalb der Supervisionsgruppe sowie
- die Vergütung des Supervisors (vgl. Belardi 2005, 74-75; Rappe-Giesecke 2003, 121).

Ist der Kontrakt abgeschlossen, kann mit der „eigentlichen" Supervisionsarbeit begonnen werden. Die sogenannte Nachfrageanalyse zieht sich jedoch genau genommen über den gesamten Supervisionsprozess, da sie bedeutsam für die Gestaltung und Fortführung des Supervisionsprozesses sowie für die Festlegung der Arbeitsformen der

Supervision ist. Geht es anfänglich um die Bearbeitung von Fällen, so können gruppendynamische Prozesse innerhalb des Teilnehmerkreises die Voraussetzung für die Bearbeitung von Teambelangen schaffen. Werden allerdings gravierende strukturelle Probleme sichtbar, die team- und abteilungsübergreifende Auswirkungen haben, ist eher eine Organisationsberatung angezeigt und zu empfehlen (vgl. Degenhardt 1994). Für Letzteres sollten jedoch trotz vorauszusetzender Kenntnisse des Supervisors in Organisationsstrukturen und -beratung entsprechende Experten hinzugezogen werden, damit die Rolle des Supervisors klar bleibt und sich nicht mehrere Arbeitsaufträge miteinander vermischen (vgl. Ferner 1998, 87). In diesen Fällen ist es ratsam, den Kontrakt gemeinsam zu überarbeiten und entsprechend der sich veränderten Ziele und Rahmenbedingungen abzuändern.

Auf eine generelle Abgrenzung sollte der Supervisor vor allem zwischen seinen und den Aufgaben der Leitung achten und bedacht sein. Es ist wichtig, dass er über den gesamten Supervisionsprozess seine neutrale Haltung beibehält und sich nicht zum Werkzeug der Mitarbeiter beziehungsweise der Leitung funktionalisieren lässt oder in den Kompetenzradius der Leitung eingreift. Dabei sollte der Supervisor sowohl in der Lage sein, einen Weg zu finden „zwischen der einflusslosen Funktion als bloße Klagemauer und der grenzüberschreitenden Funktion als ‚Graue Eminenz'" (ebd. S. 97) als auch eine Balance herzustellen „zwischen Harmoniebedürfnis und Auseinandersetzung" (ebd. S. 98).

Auf den idealtypischen Ablauf einer Supervisionssitzung sowie die Gestaltung des Supervisionsprozesses durch den Supervisor und die verschiedenen Themen (Inhalte), die von den Supervisanden zur Bearbeitung eingebracht werden könnten, gehe ich im Folgekapitel näher ein.

4.2 Ablauf, Prozessgestaltung und mögliche Inhalte von Supervision

Bei der Skizzierung des Ablaufs sowie der Prozessgestaltung von Supervision ist anzumerken, dass unter dem Begriff Supervisionsprozess in der Literatur unterschiedliche Zeitabschnitte von Supervision verstanden werden. Für einige Autoren umfasst der Supervisionsprozess alle Kontakte zwischen Supervisor und nachfragendem System, vom Erstkontakt über die Supervisionssitzungen bis zur Beendigung der Supervision. Von Supervisionsprozess ist jedoch auch die Rede, wenn es um die Entwicklung und den Ablauf einer Supervisionssitzung geht.

Zur besseren Verständlichkeit stelle ich zunächst den idealtypischen *Ablauf einer Supervisionssitzung* dar, in der es um Fallbearbeitung geht und verdeutliche in den Folgeabschnitten mögliche Inhalte und die Prozessgestaltung an Beispielen.

Kommen Gruppen- oder Teams im Rahmen von Supervision zur Bearbeitung von Fällen zusammen, untergliedert sich der Ablauf der Supervisionssitzung meist in folgende Phasen:

1. Vorphase,
2. Aushandlungsphase,
3. Falleinbringungsphase,
4. Fallbearbeitungsphase und
5. Abschlussphase (vgl. Rappe-Gieseke 2003, 135-136).

In der *Vorphase*, die Schmelzer (1997, 378) auch als „*Übergang vom Alltag zur Supervision*" bezeichnet, finden sich die Supervisanden zusammen und werden durch den Supervisor z.B. durch „‚Small-talk' zur Begrüßung" (ebd.) auf die bevorstehende Supervision vorbereitet. Ebenfalls in der Vorphase kann es um die Zusammensetzung der Gruppe, das Fehlen von Teilnehmern, die Regelungen organisatorischer Dinge und die Einigung auf das Programm für die Sitzung gehen. Hilfreich für den Übergang vom professionellen Alltag der Supervisanden zur Supervisionsarbeit kann auch ein „Eingangs-‚Blitzlicht'" (ebd.) mittels einer Impulsfrage sein, z.B. ob es noch irgend etwas so Dringendes zu klären gibt, dass es zu Beginn der Supervision besprochen werden muss.

Verbindliche Absprachen vor Beginn der eigentlichen Arbeit haben den Vorteil, dass die Fallarbeit nicht durch Ablenkungen oder Widerstände gegen die Inhalte gestört wird (vgl. Rappe-Gieseke ebd. S. 131).

Die *Aushandlungsphase* beinhaltet die Einigung der Gruppe auf einen oder mehrere Falleinbringer sowie Fallthemen, je nachdem welcher Zeitrahmen zur Verfügung steht und wie viele Themen von den Teilnehmern „mitgebracht“ werden. Schmelzer (1997, 378) bezeichnet diese Phase als „*Vorbereitungs- und Startphase*“, in der an die letzte Sitzung angeknüpft und die Erledigung der „Hausaufgaben“ (ebd.) abgefragt sowie über Lernerfahrungen im Zusammenhang damit gesprochen werden kann. Mit Hausaufgaben sind z.B. die Umsetzung von geplanten Strategien und die Reflexion von Effekten oder Problemen nach der letzten Supervision gemeint.

Sollen während der Supervisionssitzung mehrere Themen bearbeitet werden, muss von der Gruppe die Reihenfolge (Priorisierung) der Themen sowie die Zeiteinteilung mit Hilfe des Supervisors festgelegt werden.

In der *Falleinbringungsphase* stellt der falleinbringende Supervisand seinen Fall vor und versucht sein Problem oder Anliegen zu verdeutlichen. Dabei schildert er z. B., welche Personen beteiligt waren, macht Angaben über den Ort, die Zeit, die institutionelle Situation bzw. Interaktionssituation sowie den Ablauf des Ereignisses und geht auf das Verhalten und Erleben aller Interaktionsbeteiligten ein.

Die Falleinbringungsphase geht unmittelbar in die *Fallbearbeitungsphase* über. In dieser Phase sollen mittels gezielter Interventionen durch den Supervisor „psychische Faktoren ..., die ‚unbewussten oder kaum bewussten Ereignisse‘ der damaligen Interaktion ...“ (Rappe-Gieseke 2003, 132) verdeutlicht und somit die Falldarstellung vervollständigt werden. Das geschilderte Problem soll verstanden und die Ergebnisse der Rekonstruktion des Falls für die professionelle Praxis aller Supervisanden fruchtbar gemacht werden. Nur so können neue Perspektiven und Lösungsansätze gedacht und erarbeitet werden (vgl. auch Wilken 2002, 44-45).

Schmelzer (1997) bezeichnet die *Falleinbringungs- und Fallbearbeitungsphase als „Zentrale Arbeitsphase“* (S. 379) und *untergliedert sie in:*

1. Situationsanalyse – Klären des IST-Zustandes,
2. Zielfindung – Klären möglicher SOLL-Zustände,
3. Suche und Auswahl von Lösungen,
4. Umsetzung der Lösungen und Effektkontrolle des Vorgehens (vgl. ebd. S. 270-271).

Die letzte Phase im Rahmen einer Supervisionssitzung ist die *Abschlussphase (oder auch Endphase)*, in der die Fallbearbeitung rekapituliert, zusammengefasst und beendet wird. Es können konkrete weitere Schritte in Form von Hausaufgaben vereinbart und es kann noch geklärt werden, was Gegenstand der nächsten Sitzung sein soll. Mit einer abschließenden Intervention, wie z.B. mit einem „,Rückmelde-Blitzlicht' zum Ablauf" (ebd. S. 380) oder einem gruppenspezifischen Ritual, wird das Supervisionssetting aufgehoben.

4.2.1 Gestaltung des Supervisionsprozesses am Beispiel von Supervision im Krankenhaus

Soll in der Institution Krankenhaus Supervision gelingen, muss die Gestaltung des Settings und des Prozesses einschließlich der Auswahl entsprechender Verfahren beziehungsweise Interventionen der besonderen Struktur des Krankenhauses angepasst werden (vgl. Weidmann 1996, 260/261). Hierfür muss der Supervisor neben hoher supervisorischer Fachkompetenz über „Kenntnisse aus der Kommunikationstheorie und Sozialpsychologie" (Ferner 1998, 91), über die nötige Feldkompetenz und Organisationskenntnisse, über Flexibilität, Geduld, „Pioniergeist" und „eine professionelle Positionsbestimmung" (Degenhardt 1994, 242) verfügen, um in der medizinisch geprägten Hierarchie nicht gleich zu Beginn als Fremdkörper abgestoßen zu werden (vgl. ebd. S. 243; Pühl u. Schmidbauer 1993, 16-27). Für Wittich, Murjahn und Dieterle (1998), sind je nach angezeigter Arbeitsform verschiedene Theorieelemente für die Konzeptualisierung der supervisorischen Arbeit hilfreich und notwendig. Für die Fallsupervision verwenden sie Verfahren aus psychoanalytischen Ansätzen, bei Teamproblemen greifen sie unter anderem auf gruppendynamische Konzepte zurück und in der Bearbeitung struktureller Probleme orientieren sie sich an organisationssoziologischen Modellen (vgl. ebd. S. 102).

Ein Supervisor wird im Krankenhaus, so ein Verwaltungsdirektor, nicht zuletzt als „Mülleimer" oder „Compostierer" (Degenhardt 1994, 244), für „Streit, Schmutz, Unerträgliches und Gift" (S. 243) benötigt. Erkennt der Supervisor diese „Containerfunktion" (ebd. S. 244) konstruktiv an und nutzt sie aushaltend, geduldig und kreativ, kann es zu einem erfolgreichen Prozessverlauf kommen. In diesem Kontext ist es hilfreich, wenn insbesondere zu Beginn der Supervision die verschiedenen Abwehrmechanismen der Mitarbeiter vom Supervisor erkannt und in die supervisorische Arbeit integriert werden. Sowohl Spannungen als auch Grenzen, Zweifel und Fehler sollten gemeinsam anerkannt und zugelassen werden, um daraus professionelles Handeln entwickeln zu können.

Hilfreich kann für den Einstieg in den Supervisionsprozess die Bearbeitung von Sachthemen sein, die Informationen und Struktur vermitteln. Erst wenn sich eine erlaubende, angstreduzierte Atmosphäre entwickelt hat, kann allmählich mit der Bearbeitung von Ängsten, Schuldgefühlen, Wünschen, Konflikten und der Reflexion misslungener Arbeitssituationen begonnen werden. Dabei ist die Funktion der Abwehr- und Schutzmechanismen zu berücksichtigen. Sie müssen so lange aufrechterhalten bleiben dürfen, wie es für die Supervisanden notwendig ist. Der Supervisor sollte erst die Bearbeitung emotionsgeladener, bedrohlicher Themen anregen, wenn die Supervisanden implizit ihre Bereitschaft und Erlaubnis dazu signalisiert haben. Durch eine Art „liebevolle Konfrontation“ (Ferner 1998, 88) kann der Supervisor dafür sorgen, dass die Arbeitsfähigkeit der Teilnehmer und des gesamten Teams nicht eingeschränkt wird. Ganz im Gegenteil sollte der Supervisor auch in der Lage sein, sowohl die Leistungen und Bemühungen als auch die Grenzen der Handlungsmöglichkeiten der Krankenhausmitarbeiter zu würdigen. Es ist hilfreich, die spezifischen Ressourcen und besonderen Fähigkeiten einzelner Supervisanden sowie ganzer Funktionseinheiten herauszuarbeiten und die Teilnehmer entdecken zu lassen. Eine besondere Schwierigkeit für die Gestaltung des Supervisionsprozesses stellt dabei die durch Fluktuationen und Schichtdienste in den Teams bedingte, sich verändernde Teilnehmergruppe dar, in die neue und wechselnde Teilnehmer kontinuierlich integriert werden müssen; parallel dazu sind die Teilnehmer in ihrem Arbeitsalltag mit der Beendigung und dem Neuaufbau von Arbeitsbeziehungen konfrontiert (vgl. Werner & Hennch 1998).

Für Degenhardt (1994) ist das große Thema für Supervision im Krankenhaus „die Arbeit an der großen Trennungsangst, die angesichts des möglichen Todes abgewehrt wird“ (S. 251). Darauf bezogen sollte ein Supervisor im Krankenhaus in seiner Haltung zwar klare Grenzen setzen, jedoch auch die Bereitschaft haben, „Spaltungstendenzen, Trennungsängste, Wut und Hilflosigkeit nicht nur zu sehen, sondern auszuhalten und ihren Sinn anzuerkennen“ (S. 253).

Angesichts der großartigen Erwartungen, die die überwiegende Zahl der Krankenhausmitarbeiter an die Erfolge und die Wirksamkeit der eigenen Arbeit hat, sind die Erwartungen an die Ergebnisse von Supervision ebenfalls eher überdimensional. Ein Anliegen von Supervision im Krankenhaus sollte es dementsprechend sein, innerhalb eines behutsamen Prozesses die Erfolge und Ergebnisse der Arbeit der Krankenhausmitarbeiter wie auch der Supervisionsarbeit auf ein realistisches und akzeptables Maß herunterzufahren und neu zu definieren.

Wittich, Murjahn und Dieterle (1998) beschreiben im Rahmen der Ergebnisse ihrer Supervisionsbegleitforschung folgende Inhalte der Supervisionssitzungen in einem Klinikum: Neben der Bearbeitung von Teamkonflikten als dominierendem Anliegen wird an zweiter Stelle die Interaktion mit Patienten genannt, gefolgt von Anliegen zur Arbeitsorganisation sowie zu Institutionsproblemen und der Kooperation mit Ärzten.

Widauer (1998) weist darauf hin, dass während des gesamten Supervisionsprozesses die Einbeziehung des Auftraggebers wichtig ist, um neben der Bearbeitung von persönlichen Anliegen, von Fallarbeit und von Gruppenprozessen die Organisationsrealität nicht zu vernachlässigen. Er schlägt sogenannte „Feedbackschleifen“ (ebd. S. 122) in größeren Abständen vor, in denen „der Supervisor im Beisein eines Delegierten der Supervisionsgruppe mit dem Auftraggeber ein Gespräch über grundsätzliche Fragen zur Supervision, selbstverständlich unter Wahrung der Verschwiegenheit“ führt (ebd. S. 123). Ferner plädiert er dafür, Supervisionsteilnehmern in leitenden Positionen bei Problemen mit Führungsaufgaben, mit Kenntnis der gesamten Supervisionsgruppe eine Einzelsupervision anzubieten. Als Maßnahme zur Qualitätssicherung in der Arbeit des Supervisors schlägt er, neben der Rückkoppelung mit dem Supervisionsauftraggeber, bei mehreren im Krankenhaus tätigen Supervisoren regelmäßig stattfindende Intervisionen vor (vgl. ebd. S. 123).

4.2.2 Konkrete Inhalte und Gestaltungsmöglichkeiten von Supervision: Ergebnisse aus einer Untersuchung in zwei Krankenhäusern der neuen Bundesländer

Die nachfolgend exemplarisch dargestellten Inhalte und Gestaltungsmöglichkeiten von Supervision sind ein kleiner Bestandteil der Ergebnisse einer empirischen Studie. Ziel der Untersuchung war eine Beschreibung von Implementierungsprozessen von Supervision sowie die Bewertung von Supervision als Maßnahme zur Qualitätssicherung (vgl. Hermann 2001). Durchgeführt wurde die Untersuchung in zwei großen Krankenhäusern der neuen Bundesländer; fokussiert auf zwei onkologische Stationen, eine Station des Maßregelvollzuges sowie eine Psychotherapiestation.

Auf den zwei onkologischen Stationen wurde Supervision eingeführt und es wurden die Teilnehmerinnen (es gab nur Teilnehmer*innen*), die Stations- und Abteilungsleitung sowie die auf beiden Stationen eingesetzte Supervisorin nach neun Monaten Supervision befragt. Die Station des Maßregelvollzuges und der Psychiatrie nahmen schon über zwei Jahre Supervision in Anspruch. Dort wurden ebenfalls die Teilnehmerinnen und Teilnehmer (beide Geschlechter waren vertreten), die Abteilungsleitung sowie der Supervisor befragt. Der Supervisor führte die Supervision mit den Mitarbeiterinnen/den Mitarbeitern des Maßregelvollzuges durch. Die Supervision in der Psychiatrie wurde von einer Supervisorin geleitet, die nicht befragt wurde. Informationen zu diesen Supervisionssitzungen wurden von den Teilnehmerinnen (nur weibliches Geschlecht) abgegeben.

Im Ergebnis der Befragung wurden von den o.g. Untersuchungspartnern unter anderem Aussagen zu den Inhalten, den Ergebnissen/Effekten sowie zur Gestaltung der Supervisionssitzungen durch die beiden Supervisorinnen und den Supervisor abgegeben. Da im Rahmen dieses Buches nicht die Untersuchung, sondern nur ein kleiner Teil der Ergebnisse von Interesse ist, fasse ich die Ergebnisse zu den Inhalten und den supervisorischen Gestaltungsmöglichkeiten aus den Aussagen aller Befragten in den folgenden zwei Unterkapiteln (4.2.2.1 und 4.2.2.2) zusammen.

Die Aussagen zu den Ergebnissen bzw. Effekten der erlebten Supervision stelle ich in Kapitel 5 vor.

Inhalte von Supervision (vgl. Hermann 2001, 183-187; 231-234)

Die Inhalte beziehungsweise Themen der Supervisionssitzungen, an denen die befragten Untersuchungspartner/innen teilnahmen, wurden jeweils zu Beginn und im Verlauf der Sitzungen von den Teilnehmerinnen/Teilnehmern bestimmt. Während der Sitzungen Anregungen zu geben sowie die Interaktionen zu steuern, oblag den Supervisorinnen/dem Supervisor.

Von den Supervisionsteilnehmerinnen/Teilnehmern und der befragten Supervisorin/dem Supervisor wurden in den Interviews folgende auf alle erlebten Supervisionssitzungen bezogenen Inhalte genannt:

Belastendes von der Seele reden: Es wurde zugehört und es konnte mal das ausgesprochen werden, was im Arbeitsalltag ärgert und belastet.

Teambelange: Probleme innerhalb des Teams konnten besprochen und geklärt werden. Es kamen „Dinge zur Sprache ... zwischenmenschliche Sachen" (ebd. S. 234), die sonst nicht benannt und erkannt worden wären. Alle Teilnehmerinnen/Teilnehmer erhielten von ihren Kolleg/innen Rückmeldungen sowie konstruktive Kritik; dabei wurde auch gegenseitige Anerkennung ausgesprochen.

Fallbearbeitung: Schwierige, kritische und belastende Interaktionen mit Patient/innen und Angehörigen, ihre Verhaltensweisen, ihr Handeln und die Hintergründe sowie die Wechselwirkung zwischen Mitarbeiter/innen und Patient/innen wurden reflektiert und analysiert. Die Supervisandinnen/-visanden sind auf ungünstiges Verhalten oder Fehler in der Arbeit aufmerksam geworden; es wurden mögliche Verhaltensstrategien beziehungsweise Lösungsansätze erarbeitet.

Strukturelle Belange: Es wurden Arbeitsabläufe besprochen und Möglichkeiten diskutiert, wie diese sinnvoller strukturiert werden könnten. Dabei ging es auch um die teamübergreifende Zusammenarbeit mit anderen Hierarchieebenen.

Wissensvermittlung: Für die Arbeit der Supervisandinnen/-visanden wurden notwendige „Fachgrundlagen" (ebd. S. 233) vermittelt, die innerhalb der Klinik in keinem anderen Rahmen vermittelt wurden (ein „kleines Set von Interventionen" ebd. S. 232). Zudem wurde an der Veränderung von der „persönlichen Betroffenheit" (ebd.) zur „warmen strengen Beziehungsprofessionalität" gearbeitet (ebd.).

Kommunikationstraining: Die Kommunikation, als Voraussetzung für die Verständigung in der täglichen professionellen Arbeit, wurde analysiert und trainiert.

Selbsterfahrung: Ungeachtete der jeweiligen Inhalte der Supervisionssitzung, erfahren sich die Supervisandinnen/-visanden immer mehr oder weniger selbst. Voraussetzung ist, dass sie sich auf die Supervision einlassen konnten.

Verfahren (Techniken/Interventionen) der Supervisoren zur Gestaltung der Supervisionssitzungen (vgl. Hermann 2001, 188-193; 235-239)

Neben den Inhalten, also den Themen, Anliegen und Problemen, die besprochen werden, ist in den Supervisionssitzungen die Vorgehensweise der Supervisorinnen/-visoren für die Steuerung des Prozesses sehr bedeutsam. Gemeint ist die bewusste professionelle Gestaltung der Sitzungen durch die Supervisoren und die dabei von ihnen eingesetzten Techniken und Interventionen.

In den Interviews gaben die Supervisionsteilnehmerinnen und -teilnehmer, die befragte Supervisorin/der Supervisor und die Abteilungsleitung Auskunft darüber, mit welchen Mitteln der Supervisionsprozess angeregt und gesteuert wurde. Folgende Grundhaltungen und Gestaltungsmöglichkeiten wurden genannt:

Geschützter Rahmen: Die Supervisorinnen / der Supervisor achteten darauf, dass es zu keinen „mündlichen Kränkungen im Sinne von Unterstellungen" (ebd. S. 235-236) kommt und „die Person nicht in Frage gestellt" (ebd. S. 236) wird. Es wurde eine erlaubende Atmosphäre geschaffen und damit die Grundlage gelegt, für gegenseitiges Vertrauen und die Möglichkeit sich zu öffnen.

Empathie und Wertschätzung: Die Supervisorinnen/der Supervisor haben Offenheit signalisiert und Interesse an der Arbeit der Supervisandinnen/-visanden gezeigt. Zudem sei ihre Arbeit wertschätzend anerkannt worden.

Orientierung an den Bedürfnissen der Supervisandinnen/-visanden: Die Supervisorinnen/der Supervisor ließen die Inhalte der Sitzungen von den Teilnehmerinnen/Teilnehmern festlegen und haben ihnen an sinnvollen Punkten im Prozess ein Feedback gegeben.

Anregung der Kommunikation: Es wurden gemeinsam Regeln für eine nicht verletzende, wertschätzende Kommunikation aufgestellt; die Diskussion wurde durch die Supervisorinnen/den Supervisor angeleitet. Alle Teilnehmerinnen/Teilnehmer sollten sich nacheinander persönlich vorstellen und wurden zum Reden ermutigt, indem sie alle „persönlich angesprochen" (ebd. S. 189) und einbezogen wurden. Zudem wurden die Anwesenden von den Supervisorinnen/dem Supervisor zum Reden animiert, indem kleine Anstöße gegeben und manchmal „ein bisschen provoziert" (ebd.) wurde. Alle Teilnehmerinnen/Teilnehmer wurden ferner aufgefordert, die eigene Meinung zu äußern und den Kolleg/innen ein Feedback zu geben, nachdem Feedbackregeln eingeführt wurden.

Aktives Zuhören: Die Technik des Aktiven Zuhörens ist eine Grundlage für alle weiteren Interventionen in den Supervisionssitzungen. Eine dominierende Aussage dazu war, dass die Supervisorin einfach zugehört hat. Eine Teilnehmerin beschreibt es sogar so: Die Supervisorin sei „... der erste Mensch, der es verstanden hat, oder der mir zugehört hat ..." (ebd. S. 190).

Fragen: Das Fragen, Hinterfragen und Nachfragen wurde als weitere bewusste Intervention der Supervisorinnen/des Supervisors benannt; sie haben sich mit Antworten und Erklärungen vorerst zurückgehalten. So hätten alle Teilnehmerinnen/Teilnehmer ihren Standpunkt vertreten können und müssen, und es wäre zu einem Meinungsaustausch gekommen.

Problem- bzw. Interaktionsanalyse: Zur Reflexion schwieriger, kritischer und belastender Interaktionen mit den Patient/innen wurden „teilweise... einzelne Frequenzen" (ebd. S. 236) in Rollenspielen geübt. Die Supervisorinnen/der Supervisor haben die von den jeweiligen Teilnehmerinnen/Teilnehmer beschriebene (meist belastende) Interaktionssituation „mal so auseinandergenommen" (ebd. S. 191), mit ihnen analysiert und somit Ursachen und Zusammenhänge verdeutlicht. Außerdem hätten sie „bildlich gesprochen" (ebd. S. 191), was den Teilnehmerinnen/Teilnehmer das Verstehen von Zusammenhängen und Hintergründen von Verhalten und Reaktionen erleichtert habe. „Schlüsselinterventionen werden schon bis in die wörtliche Möglichkeit hinein vorgestellt" (ebd. S. 236-237), um die Supervisandinnen/

-visanden durch Fachkompetenz zu befähigen, die Patient/innen zur Mitarbeit zu bewegen und sie in die Arbeit einzubeziehen. Es wurden „Wege aufgezeigt“ (ebd. S. 191), wie die Supervisandinnen/-visanden ihre Arbeitssituation verändern könnten. In einer Supervisionsgruppe wurde außerdem der Einsatz von Knöpfen zur Darstellung und Analyse dieses Teams gewählt. Jede Teilnehmerin war aufgefordert, aus ihrer Sicht das Team mittels der Knöpfe darzustellen und zu schildern, wie sie jedes einzelne Teammitglied wahrnimmt und sieht. Im Anschluss daran hat die Supervisorin die Teilnehmerinnen angeregt, sich über ihre Gefühle auszutauschen.

Ressourcenanalyse: Die Supervisorinnen/der Supervisor haben die Teilnehmerinnen/Teilnehmer „Fehler“ und „Lücken“ erkennen lassen, „die wir selber auch beeinflussen können“ und zeigten ihnen auf „wo unsere Reserven liegen“ (ebd. S. 236).

Visualisierung: Dem Sichtbarmachen des gesprochenen Wortes, der Aussagen, Erklärungen und Empfindungen kommt in Anbetracht der Tatsache, dass wir über unseren visuellen Wahrnehmungskanal im Normalfall am meisten aufnehmen, eine besondere Bedeutung zu. Für das Visualisieren als Intervention kann man sich verschiedener Techniken und Hilfsmittel oder Materialien bedienen. Eine Supervisorin sprach davon, visualisiertes Material (gemeint sind beispielsweise die bereits genannten Feedback- und Kommunikationsregeln) und Metaplantechnik eingesetzt zu haben. Zusammenhänge, Erkenntnisse und Ergebnisse im Rahmen der Bearbeitung von Themen, Anliegen oder Problemen seien ebenfalls visualisiert worden.

Die Supervisorin habe die Vorstellungen und Meinungen der Teilnehmerinnen schriftlich fixiert und visualisiert, anschließend habe man sie gemeinsam ausgewertet. Auch habe sie verschiedene Hilfsmittel und Materialien wie Wollfäden, Knöpfe, Steine und Muscheln eingesetzt. Jede Teilnehmerin habe damit sehr effektvoll sich selbst, das Team und seine Stellung im Team darstellen und reflektieren können.

Kritisches Feedback: In einer beschriebenen Sitzung, sei es zu einer sehr kontroversen Diskussion zwischen den Supervisandinnen/-visanden und dem Supervisor gekommen: „Wir haben uns ja ganz schön gefetzt." (ebd., S. 236). Der Supervisor habe dem Team ein kritisches Feedback gegeben, Raum für die Argumentation der unterschiedlichen Standpunkte eingeräumt und zunächst keine Alternativvorschläge unterbreitet. Dann habe er die Pause innerhalb der Sitzung für den Prozess genutzt, indem er zuvor eine Frage formuliert habe und diese „im Raum stehen lassen hat." (ebd.) Die Supervisandinnen/-visanden hätten somit Gelegenheit gehabt, ihren persönlichen Standpunkt zu überdenken und im zweiten Teil der Sitzung zu einem gemeinsamen Resümee zu kommen, was sie als hilfreich erlebt hätten. Sie hätten diese Sitzung zwar als „ganz besonders belastend" und „echt anstrengend" (ebd.) empfunden, jedoch auch als sinnvoll und ergebnisreich.

Fachliche Beratung: Durch die beraterischen Aktivitäten des Supervisors erhielten die Teilnehmerinnen/Teilnehmer Anregungen und Impulse und wurden zum Nachdenken angeregt. Er habe ihnen auch Vorschläge für alternative Handlungsansätze und Strategien in der täglichen Arbeit unterbreitet, fachliche Fragen beantwortet und Fachwissen vermittelt, das durch „die Bezugsnähe" (ebd., S. 237) so wertvoll sei. Diese Methode der Wissensvermittlung sei effektiver als jede Weiterbildung. Der Supervisor vermittle seine fachlichen Anregungen und Vorschläge „verständlich, bildlich". Dabei bringe er die Informationen „auf den Punkt" (ebd.), was den Supervisandinnen/-visanden den Transfer in ihre tägliche Arbeit erleichtere.

Schriftliche Nachbereitung: Die befragten Leitungsmitarbeiterinnen nannten noch eine weitere Maßnahme zur Gestaltung der Sitzungen durch den Supervisor. Im Anschluss an die Sitzungen fertige der Supervisor eine schriftliche Nachbereitung beziehungsweise Auswertung an, in der er das gemeinsam Erarbeitete zusammenfasse, Gedanken und fachliche Pläne weiter ausführe und fachkompetente Vorschläge für Verbesserungen und Umstrukturierungen unterbreite. Diese Auswertung schicke er den Teilnehmerinnen/Teilnehmern zu, die das Material als sehr wertvoll, hilfreich und wertschätzend empfanden. Auf die Leitung wirke diese Initiative des Supervisors „sehr produktiv" und seine Nachbereitungen würden als „ein Stück Qualität" (ebd., S. 237) angesehen, das für die Mitarbeiter/innen von großer Bedeutung sei, weil sie fachliche Vorschläge nachlesen könnten.

Weitere Techniken: Als weitere Techniken, die im Verlauf der Supervisionssitzungen zum Einsatz kamen wurden genannt * ein Blitzlicht zu Beginn und/oder am Ende einer Sitzung, * Arbeit mit dem Reflecting Team, * Einsatz von Psychodramaelementen, * das Spiegeln, * ein Standbild, * Szenisches Spiel, * Brainstorming, * der Einsatz von Materialien und Figuren (siehe unter Visualisierung) und * die Arbeit mit Assoziationen.

Die Sitzungen der vier Teams haben sich unterschiedlich gestaltet. Das liegt an den Themen, die die jeweiligen Teilnehmerinnen/Teilnehmer eingebracht haben und an den unterschiedlichen Vorgehensweisen der Supervisorinnen und des Supervisors. Allen drei Supervisorinnen/-visoren ist es gelungen, eine wertschätzende vertrauensvolle Atmosphäre in den Sitzungen zu schaffen. Es kristallisieren sich aber verschiedene Rollenbilder heraus. Eine der beiden Supervisorinnen hat eher eine begleitende, unterstützende Rolle übernommen. Die andere Supervisorin und der Supervisor sind z.T. auch in eine Lehrerrolle gegangen. Sie hat mitunter auch „ein bisschen provoziert" (ebd. S. 189), er hat die Konfrontation mit den Teilnehmerinnen/Teilnehmer gesucht, ohne den schützenden Rahmen der Supervision in Frage zu stellen.

Die Ergebnisse der Befragung hinsichtlich der Gestaltung der Supervisionssitzungen durch diese drei Supervisorinnen/-visoren bestätigt das, was in Kapitel 4.2.1 zur Gestaltung von Supervisionsprozessen im Krankenhaus aus der Literatur vorgestellt wird. Alle drei Supervisorinnen/-visoren verfügten neben hoher supervisorischer Fachkompetenz über theoretisches sowie praktisches Wissen aus der Kommunikationstheorie, über Feldkompetenz sowie Organisationskenntnisse und über Flexibilität sowie Geduld. Zusammen mit den Supervisionsteilnehmerinnen/Teilnehmer haben sie eine erlaubende, angstreduzierende Atmosphäre entwickeln und somit die Voraussetzung für die Bearbeitung von Ängsten, Wünschen, Konflikten und misslungenen Arbeitssituationen schaffen können. Neben der Annahme der von Degenhardt (1994) beschriebenen „Containerfunktion" (S. 244), haben sie wertschätzend konfrontiert, die Leistungen und Bemühungen der Supervisandinnen/-visanden gewürdigt sowie die spezifischen Fähigkeiten und Ressourcen der Teilnehmerinnen/Teilnehmer herausgearbeitet.

5

5. Und was soll das bringen?

Ergebnisse und Effekte von Supervision

5.1 Forschungsansätze zu Effektivität und Auswirkungen von Supervision

In den letzten Jahren ist vermehrt zu Supervision geforscht worden, die Publikationen haben zugenommen. Die Supervisionsforschung orientiert sich mit zeitlicher Verzögerung an der Psychotherapieforschung (vgl. Auckenthaler 1995, 34; Belardi 1992, 171). Dies liegt nahe, da beide ein gemeinsames Merkmal haben: Es ist die Beziehung zwischen Supervisor beziehungsweise Therapeut und Supervisand beziehungsweise Patient, die den jeweiligen Beratungs- oder Behandlungsprozess bestimmt. Damit sollen die Unterschiede zwischen Therapie und Supervision nicht nivelliert werden; in dieser geht es um Behandlung, in jener um Beratung. Nach wie vor liegt ein quantitativer Schwerpunkt der Supervisionsforschung auf Arbeiten über Supervision von Psychotherapie (vgl. Beer 1996, 41).

Beklagt wird, dass das Wissen über Supervision immer noch mangelhaft sei und dass mehr darüber bekannt sei, was man sich von Supervision verspreche, als darüber, was tatsächlich in den Supervisionen erreicht werde (vgl. u.a. Auckenthaler 1998, 183; Beer 1996, 99). Dem widerspricht Berker (1998) teilweise: In der Feststellung seien Wahrheit und Überheblichkeit enthalten. Wahrheit insofern, als „nach den Gesetzen der scientific community wenig Wissen erworben" worden sei und Überheblichkeit, weil nur wissenschaftlich erstelltes Wissen als Wissen betrachtet werde, nicht aber „das kommunikativ erarbeitete Wissen in der professional community der Supervision", das „dabei die Grundlage und der Ausgangspunkt für weitere Forschung ist" (S. 246).

Dabei ist Supervision selbst eine Forschungsmethode. Im Gespräch untersucht der Supervisor mit dem oder den Supervisanden Ausschnitte aus der beruflichen Wirklichkeit, um Wirkfaktoren des Geschehens transparent zu machen. Die Beteiligten machen „dieses Geschehen selbst zum Gegenstand neuer Interventionen auf dem Hintergrund formulierter Zielsetzungen ... Der Praktiker wird damit zum Forscher ..., der Wissenschaftler versucht über die beforschte Praxis zu generalisierten Aussagen zu kommen" (Weigand 1998, 6).

Giesecke & Rappe-Giesecke (1997) schreiben Supervision zwei Funktionen zu: „forschende Beschreibung *und* Beratung mit Selbsterfahrungsanteilen" (S. 676).

Die bisherige Forschung hat zwei Richtungen verfolgt: Sie hat Menschen befragt, die an Supervisionen teilgenommen haben, hat also *Ergebnisse* aus Sicht derjenigen gewonnen, die von Supervision profitiert haben oder nicht. Sie hat oft nach Effekten bei den Supervidierten gefragt und zu einem geringen Teil auch nach Auswirkungen bei den Menschen, die von der Supervision am meisten profitieren sollen, bei den Patienten, Klienten, oder – um es im Sinn dieser Arbeit auszudrücken – bei den Klienten.

Prozesse in Supervisionen sind mit unterschiedlichen Werkzeugen (Forschungsmethoden) evaluiert worden. Damit kann in Erfahrung gebracht werden, wer auf welche Weise im Supervisionsprozess Veränderungen erzeugt. Qualitative und quantitative Methoden kommen hier zum Tragen. Video- und Tonbandaufzeichnungen verhelfen zu Analysen des Supervisionsgeschehens. Transkriptionen von Sitzungen ermöglichen Textanalysen aus unterschiedlichen Perspektiven.

Pre-Post-Vergleiche anhand von Fragebogen und Interviews geben Aufschluss darüber, wie Supervision erlebt wird und ob und wie die dort gewonnenen Erfahrungen integriert werden. Kontinuierliche Befragungen der Beteiligten über die jeweiligen Sitzungen helfen den Prozess abzubilden. Gleiches gilt für teilnehmende Beobachtung. „Beobachtung und Beschreibung" (Auckenthaler 1995, 37) sind also die Mittel der Wahl. Auckenthaler fordert, die „‚Sicht der Subjekte'" (S. 37) nicht zu vernachlässigen. Mit Mikroanalysen könnten allgemeine Einschätzungen von Supervisionssitzungen oder -stilen ergänzt und gängige Vorannahmen hinterfragt werden.

Mit der Prozessforschung geht die *Wirkungsforschung* einher, die danach fragt, welche Wirkungen durch Supervision entstehen. Obwohl immer wieder angemahnt wird, die Wirkungen auf Klienten beziehungsweise Patienten der Supervisanden zu erforschen, erstreckt sich Wirkungsforschung bislang mehr auf Supervisoren, Supervisanden und auf das System (vgl. Auckenthaler 1999, 147; Schmelzer 1997, 99).

Dabei müssen sich die Forschenden zahlreichen theoretischen und praktischen Problemen stellen.

5.1.1 Ergebnisforschung und der „Mythos der Supervision"

Lange Zeit fand eine lediglich auf Ergebnissen beziehungsweise Erfolgsäußerungen beruhende Forschung statt. Positive Bewertungen der Supervisanden, vor allem die Zufriedenheit, galten vielfach als ausreichendes Kriterium für eine gelungene Supervision.

Noch weist die Forschung zur Wirksamkeit von Supervision Defizite auf (vgl. Auckenthaler & Kleiber 1992, 15). Battistich (1997, 131) stellt fest, dass sich in der einschlägigen Literatur kaum „Erfolgs*messungen*" [Hervorhebung d.V.] finden. In vielen Forschungsarbeiten werden Supervisionseffekte lediglich subjektiv bescheinigt. Seit Blinkert und Huppertz (1974, 143) das Problem von Glaube und Wirklichkeit als den „Mythos der Supervision" kennzeichneten und Huppertz beklagte, dass noch keine Wissenschaftlichkeit der Supervision festzustellen sei, wurden solche Bedenken immer wieder geäußert. Auch Schneider & Müller (1995) gebrauchen den Begriff „Mythos der Supervision" ebenfalls, weil „beispielsweise Leitungskräfte – selbst im Bereich sozialer und pflegerischer Dienste – über die Verfahrensweisen, Wirkungen und Indikationen von Supervision (wenig) wissen und dennoch überzeugte Meinungen und Urteile über die Anwendung und Wirkung von Supervision vertreten" (S. 90). Huppertz (1975) bemängelt eine

Unmenge an „Leerformeln“ (S. 143) in der Supervisionsliteratur. Er vermisst Erkenntnisse darüber, wie Supervision durchzuführen ist und was in der Supervision tatsächlich geschieht. Supervision würde auf eine „Eigentherapie der Supervisanden reduziert, wo doch eigentlich Hilfe für den Klienten propagiert wird“ (S. 143).

Inzwischen hat sich eine differenziertere Betrachtung durchgesetzt. Zur Problematik der Selbstauskünfte bei Befragungen bemerken Filsinger, Schäfer, Vollendorf, Auckenthaler und Bergold (1993, 230), es sei zwar unzulässig, von dem wahrgenommenen oder zugeschriebenen Nutzen der Supervision beziehungsweise von Funktionszuschreibungen umstandslos auf Tatsachen, d.h. Wirkungen zu schließen; man könne aber zum einen davon ausgehen, dass die Selbstauskünfte der Supervisanden insofern verlässlich seien, als sie Auskunft über die Wirksamkeit von Supervision aus der Nutzerperspektive gäben. Zum anderen scheint es begründet, das Wissen um mögliche Wirkungen und Funktionszusammenhänge als Erklärung von Wirkungen ins Kalkül zu ziehen. Der Supervision zugeschriebene Wirkungen beziehungsweise funktionalistische Deutungen der Supervision können nämlich als Akteurwissen Ursachen möglicher Wirkungen sein. Eine solche (theoretische) Interpretation der Ergebnisse – d.h. die eigenen Theorien oder Überzeugungen als Kausalfaktor anzunehmen – ist nicht nur in der sozialwissenschaftlichen Praxis üblich; sie erscheint angesichts der Verbreitung des Wissens über Supervision und deren mögliche Wirkungen in der psychosozialen Praxis auch begründet (vgl. Filsinger u.a. 1993, 230).

5.1.2 Effekte beim Supervisanden

Effekte beim Supervisanden im Bereich der Sozialarbeit waren erstmalig bei Blinkert & Huppertz (1974) Ziel einer empirischen Studie. Die Befragung von Sozialarbeitern zu Aufgabe und Wirkung der Supervision ergab, dass nahezu alle Befragten mit der Supervision zufrieden waren, allerdings schätzten sie den Einfluss der Supervision auf ihre berufliche Identität und auf den Plausibilitätsverlust ihrer Berufsrolle als gering ein.

Die Zufriedenheitsäußerungen der Supervisanden bestätigten immerhin, dass Supervision aus ihrer Sicht grundsätzlich die Qualität der Arbeit verbessert. Teilnehmer eines interdisziplinären Weiterbildungsstudiengangs „Fachkräfte für die psychosoziale Versorgung" schätzten den „Wert der Supervision für die persönliche Entwicklung, die Entwicklung der fachlichen Kompetenzen, für den adäquaten Umgang mit Belastungen in der Arbeit und schließlich in Bezug auf die Verbesserung der Arbeit mit KlientInnen höher (ein) als den Wert jeder anderen Weiterbildungsveranstaltung" (Auckenthaler & Kleiber 1992, 19).

Im Rahmen einer bundesweiten Befragung von Frank & Vaitl (1986) gaben zwei Drittel der 294 Psychotherapeuten mit einer durchschnittlichen Therapieerfahrung von sieben Jahren an, sich regelmäßig einer psychotherapeutischen Supervision zu unterziehen und dadurch eine erhöhte Arbeitszufriedenheit zu erleben. Bei Wittern u.a. (1986) betrachteten 99 % von 480 Psychologen Supervision als eine Hilfe; 87 % zeigten sich damit zufrieden.

Auf die Verbesserung der professionellen Kompetenzen als eines der Hauptziele von Supervision haben Frank & Vaitl (1986) und Frank (1995) fokussiert. Die empirischen Befunde belegen hier umfassender, dass Weiterentwicklung bei Supervisanden erzielt wurde. Das Modellprojekt war die erste Längsschnittstudie in Deutschland, die – im Sinne prozessorientierter Forschung – eine Entwicklung über drei Jahre beobachtete. Sie galt der Weiterbildung Klinischer Psychologen mit verhaltenstherapeutischem Schwerpunkt. 169 Psychotherapeuten mit unterschiedlich großer Berufserfahrung wurden mittels mehrdimensionalem Fragebogen (Fragebogen zur Supervision von Psychotherapeuten = FSPT) von Frank & Vaitl (1987) befragt. Als Ergebnis wurde in erster Linie die Verbesserung der Kompetenzen, eine Zunahme der psychotherapeutischen Sicherheit und die Stabilisierung der Arbeitsmotivation registriert. Auch die Funktion der Psychohygiene sei deutlich nachgewiesen. Frank (1996) schlussfolgert, dass Supervision bei Therapeuten die Erwartungen hinsichtlich der Entwicklung fachlicher und sozialer Kompetenzen erfüllt sowie Selbsterfahrung und Entlastung ermöglicht.

Effekte beim Supervisanden auf verschiedenen Supervisionsebenen ermittelten Schneider & Müller (1995, 86 ff.). Sie befragten Supervisanden zu einzelnen Wirkungsaspekten nicht nur in Bezug auf die eigene Person, sondern auch im Zusammenhang mit den Kolleginnen/Kollegen, den Klientinnen/Klienten und der Institution.

Jarecki (1997, 26) hat in der Ausbildung von Ergotherapeutinnen Supervision durchgeführt. Ihre Supervisandinnen gaben u.a. folgende schriftliche Rückmeldungen: Sie hätten eine andere Art von Kommunikation erlebt und gelernt, mehr oder weniger angstfrei vor anderen zu sprechen, ihren Gefühlen Ausdruck zu verleihen und die Gefühle anderer zu verstehen; sie könnten sich besser mit eigenen Problemen auseinandersetzen und konstruktive Lösungen finden; persönliche Grenzen – eigene und die anderer – würden besser erkannt.

5.1.3 Effekte beim Patienten/Klienten

Geht man davon aus, dass für die eigentlichen Adressaten der Supervision, die Patienten oder Klienten, eine Qualitätsverbesserung zu erzielen ist und dass sich die intendierten und postulierten Wirkungen von Supervision nicht nur auf die Person des Supervisanden und das kollegiale und institutionelle System erstrecken, sondern eben auch auf das des Klienten, stellt sich die Frage nach den Auswirkungen beziehungsweise dem Nutzen von Supervision für ihn. Effekte wie „Zufriedenheit, Beschwerderückgang, Problembewältigung, aber auch der Einfluss der Patienten/Klienten auf das Ergebnis der Supervision (Störungstyp, Schweregrad) sind allerdings bisher weniger gut untersucht“ (Frank 1996, 17). Auckenthaler (1999, 148) weist darauf hin, dass es notwendig ist, nicht nur die qualitätsverbessernde Funktion von Supervision zu dokumentieren, sondern Kriterien zu entwickeln, woran die Qualität der Supervision selbst festgestellt beziehungsweise verbessert werden kann. Die Arbeit beschränkt sich ausdrücklich auf die Supervision von psychologischer Psychotherapie und klinisch-psychologischer Beratung. Die Forderung nach der Entwicklung von supervisionsspezifischen Qualitätskriterien sollte aber auf die anderen Bereiche, in denen Supervision auch stattfindet (z.B. die Sozialen Arbeit, die Pädagogik oder die Wirtschaft), übertragen werden.

Obwohl es Anliegen der Supervision ist, ein vertieftes Verständnis für die Bedürfnisse, Wünsche und Ängste der Rat und Hilfe suchenden Menschen zu erlangen, wird ein Erfolg kaum untersucht. Überwiegend ist es der Fall, dass die Patienten/Klienten als eigentliche Adressaten der Supervision in die Rolle der abwesenden Dritten geraten. „Plausible Veränderungen ... werden nicht belegt. ... Die meisten Supervisions-Beschreibungen unterstellen einen Automatismus positiver Auswirkungen auf die Klienten“ (Belardi 1992, 13). Die Bestätigung, dass z.B. Therapieabbrüche durch Supervision verhindert werden und dass Supervision eine Methode zur Unterstützung darstellt, die intensiv genutzt wird, konnte Frank (1996) zumindest herausarbeiten. Sie plädiert dafür, das institutionelle Umfeld und die Klienten als abwesende Dritte in die Messung von Wirkfaktoren und Effektivität der Supervision mit einzubeziehen.

Wie Supervision qualitätsverbessernd auf die Arbeit mit Schülern wirken kann, stellen Jugert u.a. (1997) dar. Eine Evaluation an sechs Schulen mit insgesamt 46 Lehrern über einen Zeitraum von zwei Jahren zeigte mit Hilfe quantitativer als auch qualitativer Verfahren, dass Pädagogische Supervision nicht nur vermag, die Kommunikation von Lehrern zu verbessern, sondern auch dazu beiträgt, dass die Schüler ihre Lehrer im Laufe der Supervision als unterstützender und weniger streng beurteilten.

Pühl (1993) berichtet von seinen Erfahrungen als Sozialarbeiter in einem Erziehungsheim, wie sich auf indirektem Weg durch Supervision die Beziehungen zu den Klienten (Jugendlichen) veränderten.

„Ohne dass wir Betreuer [Sozialarbeiter – d.V.] mit den Jugendlichen über unsere Auseinandersetzungen im Team sprachen, übertrug sich unsere geänderte Einstellung auch auf die Jugendlichen und veränderte das gesamte Klima der Gruppe. [Hier] hat sich ... gezeigt, wie stark sich atmosphärische Haltungen und Einstellungen übertragen, und wie unbewusste Prozesse durch Supervision angestoßen werden können“ (S. 26).

Eine lediglich auf Erfolgsmessung orientierte Forschung genügt jedoch nicht, um Supervision zu professionalisieren, effizienter zu machen und zu legitimieren. Die meist relativ einfachen Befragungen geben keinen Aufschluss über die Prozesse in der Supervision und die daran sich eventuell anschließenden persönlichen, beruflichen und institutionellen Veränderungen. (vgl. Auckenthaler 1995, 36; Belardi 1992, 235).

5.1.4 Prozessforschung – Evaluation von Veränderungsprozessen

Auckenthaler und Kleiber (1992, 26) distanzieren sich „von einer blinden Supervisionsbegeisterung, von einer gewissen Leichtgläubigkeit, mit der angenommen wird, dass Supervision, wenn sie nur stattfindet, zwangsläufig wirkt". Daraus folgt, dass die Faktoren, die Supervision wirksam werden lassen, zu untersuchen sind.

Notwendig ist daher auch prozessorientierte Forschung (vgl. Auckenthaler 1995, 36; Buchholz 1997, 1). Nicht nur der Output müsse erforscht werden, sondern es sei vor allem zu beachten, wie dieser zustande komme (vgl. Battistich 1997, 135), d.h. wie es durch Supervision zu einer Verbesserung der professionellen Kompetenz, der Arbeitszufriedenheit, der Kooperation im Team und gegebenenfalls Veränderung der institutionellen Bedingungen kommt.

Entscheidend dabei ist, ob die Wirkfaktoren eher in der Person des Supervisors oder in den von ihm vertretenen Ansatz beziehungsweise von ihm angewandten Methoden liegen. In der Literatur geäußerte Meinungen tendieren dahin, der Person des Supervisors die größere Bedeutung zuzuschreiben (vgl. Beer 1996, 92; Belardi 1992, 252).

Die Wirkung einer Supervision als Folge der stattgefundenen Interventionen, mit einzelnen intendierten oder nicht intendierten, gezielten oder spontanen Effekten, ist nur als die Bilanz vieler einzelner Faktoren zu verstehen. In „einfachen Ursachen-, Wirkungsketten zu denken beziehungsweise Ursachen von Erfolg/Misserfolg präzise aufzuzeigen" (Auckenthaler & Kleiber 1992, 18), ist unmöglich, weil Handlungen beziehungsweise Interventionen in der psychosozialen Praxis Folgen haben können, die ganz anders und in ganz anderen Bereichen auftreten, als der Handelnde es beabsichtigt hat. Das bedeutet auch, dass Prozessforschung nicht isoliert ablaufen kann, sondern das gesamte Projekt im Auge haben sollte (vgl. Heiner 1986, 74).

Die Frage aber, wie denn eigentlich durch Interaktion und Intervention etwas Neues entstehen kann, ist noch nicht geklärt. Damit ist „das Problem der kreativen Imagination professioneller Behandler und Supervisoren angesprochen, das dringend theoretische und praktische Würdigung verlangt" (Buchholz 1997, 201). Dieser schöpferische Aspekt der Praxis könne wissenschaftlich beobachtet, dazu könne auch eine Theorie entworfen werden. Aber wie und dass die kreative

Imagination ablaufe, sei eine stets originelle und einmalige professionelle Leistung, dafür seien wissenschaftliche Beobachtungsverfahren bislang unterkomplex (vgl. ebd. S. 199).

5.2 Konkrete Ergebnisse und Effekte von Supervision: Ergebnisse aus einer Untersuchung in zwei Krankenhäusern

Die nachfolgend exemplarisch dargestellten Ergebnisse und Effekte von Supervision sind ein kleiner Auszug aus den Ergebnissen der in Kapitel 4.2.2 vorgestellten empirischen Studie.

Auch in diesem Kapitel verwende ich aufgrund der überwiegend weiblichen Interviewpartner sowohl die weibliche als auch die männliche Form. Die z.T. rein männlichen Formulierungen stammen aus den Aussagen der Interviewpartnerinnen und -partner.

Mit *Ergebnissen von Supervision* sind hier die *Veränderungen im Denken, im Bewusstsein und im Handeln der Supervisionsteilnehmerinnen/-teilnehmer gemeint, die unmittelbar mit den Supervisionssitzungen und dem Supervisionsprozess als Ursache in Verbindung gebracht werden.* Effekte und Auswirkungen von Supervision können nicht nur von Supervisionsteilnehmern wahrgenommen werden, sondern auch von den Personen, die mit ihnen interagieren.

Beschrieben haben die Ergebnisse von Supervision, die Supervisionsteilnehmerinnen der zwei onkologischen Stationen, die Stations- und Abteilungsleitung sowie die auf beiden Stationen eingesetzte Supervisorin des einen Krankenhauses sowie der befragte Supervisor, die Abteilungsleitung und die Teilnehmer von der Station des Maßregelvollzuges und der Psychiatrie des anderen Krankenhauses (vgl. Hermann 2001, 201-209; 242-247).

Die dargestellten Ergebnisse und Effekte von Supervision sind eine Zusammenfassung aus den Aussagen aller Befragten. Folgende Schwerpunkte wurden von den Interviewpartnerinnen/-partner genannt:

Entlastung: Dass die Supervision Entlastung beziehungsweise Erleichterung bewirkt hat, darüber waren sich alle Befragten einig. Die Supervisandinnen/-visanden beschrieben, sie seien Druck losgeworden. Eine Teilnehmerin erklärte, sie habe die Sitzungen als

„Befreiungszustand so vom Kopf her“ (ebd. S. 201) erlebt. Eine andere stellte fest, sie „gehe jetzt an manche Situationen gefasster und gelassener heran“ (ebd.); eine weitere Teilnehmerin sagte aus, sie versuche jetzt, Arbeit und Privatleben bewusst zu trennen, Belastungen und Ärger auf Station zu lassen. Durch die Aufarbeitung eines unverarbeiteten Konflikts und durch die Reflexion belastender Patienten- und Angehörigeninteraktionen sei ebenfalls Entlastung bei einer der Befragten Teilnehmerinnen eingetreten. Eine Kollegin ergänzte, dass die Supervision dazu beigetragen habe „das Psychische zu verarbeiten“ und „abzuschalten“(ebd. S. 202).

Für die Leitungspersonen war wichtig, dass ihre Mitarbeiterinnen sowohl Ärger als auch Aggressionen losgeworden sind.

Probleme auf den Tisch: Die Bearbeitung von Problemen ist zwar vordergründig ein Inhalt von Supervision, das Benennen und Sichtbarmachen eines versteckt vorhandenen beziehungsweise nicht ausgesprochenen, jedoch alle belastenden Problems, kann allerdings auch ein Ergebnis sein. In den Aussagen wurde dargestellt, dass durch das Herausarbeiten das Problem für alle sichtbar und transparenter geworden sei. Für die Leitung war das Bedeutendste, dass Dinge angesprochen wurden, die sonst unausgesprochen geblieben wären.

Solidarisierung: Die befragte Supervisorin beschrieb, dass sich aus der einen Gruppe von Supervisionsteilnehmerinnen eine Gruppe mit emotionaler Verbundenheit entwickelt habe. Trotz zum Teil unterschiedlicher Ansichten dieser Kolleginnen sei eine gemeinsame „Plattform“ (ebd. S. 203) entstanden, die es ihnen ermöglicht habe, Probleme und Anliegen leichter miteinander zu besprechen beziehungsweise auch „in schwierigen Situationen miteinander ins Gespräch zu kommen“ (ebd. S 203). Die Teilnehmerinnen hatten in der Supervision Übereinstimmung hinsichtlich eines gemeinsamen Problems festgestellt, wodurch sich ein „Zusammengehörigkeitsgefühl“ (ebd. S. 203) entwickelt habe. Seit dieser Zeit wollten sich die Kolleginnen in schwierigen Situationen unterstützen. Außerdem habe ihnen das Wissen, dass sie nicht allein seien und zusammen „was verändern könnte[n]„ (ebd. S. 203), Kraft gegeben. Sie hätten in der Supervision die Meinung, die persönliche, menschliche Seite der Kolleginnen kennen gelernt und erfahren, in ihnen einen „Kumpel“ (ebd. S. 203) zu haben. In diesem Zusammenhang hätten sie wahrnehmen können, wo sie im Team stünden, wer zu ihnen halte und wem sie vertrauen könnten. Dadurch hätten sie Bestätigung und „Rückhalt“ (ebd. S. 203) bekommen. Diese Solidarität untereinander zu erfahren, habe bei einer Kollegin eine gewisse Euphorie und Erleichterung bewirkt.

Bestätigung und Unterstützung: Durch den Austausch in der Supervision sei das Gefühl entstanden, nicht allein zu sein und mit der Unterstützung der Kolleginnen rechnen zu können. Zudem wurde berichtet, die Supervision „hat einen positiven Jo-Jo-Effekt“ (ebd. S. 203) bewirkt, da die an der Supervision teilnehmenden Kolleginnen auch über die Supervision hinaus den Austausch fortführen würden. Außerdem würden sie zusammenhalten, insgesamt mehr miteinander kommunizieren und sich gegenseitig unterstützen. Es sei auch durch die gegenseitige Anerkennung, die sich die Kolleg/innen in der Supervision gegeben hätten, zu emotionaler Stärkung und moralischer Unterstützung gekommen. Im Rahmen der Fallbesprechungen hätten sie hilfreiche und ermutigende Rückmeldungen erhalten, wonach sie sich mit ihren Ängsten nicht mehr so allein und außerdem beruhigt gefühlt hätten.

Spannungsabbau im Team und „Bessere Teamfähigkeit“ (ebd. S. 244): Dass infolge der Supervision Spannungen im Team geringer geworden seien, äußerten die Teilnehmerinnen und Teilnehmer sowie eine Leitungsperson. Durch die Supervision würden Probleme im Team miteinander besprochen und geklärt werden. Jeder könne seine Meinung sagen, womit Spannungen abgebaut und kurzfristig die Stimmung im Team verbessert würden. „die bessere Teamfähigkeit” (ebd.) der Kolleginnen sei ein Folgeergebnis und langfristig werde somit die Zusammenarbeit des Teams gesichert.

Erweiterung sozialer und professioneller Kompetenzen: Mehrere Aussagen der Interviewpartnerinnen/-partner beschäftigten sich mit der Erweiterung sozialer und professioneller Kompetenzen als ein Ergebnis der Supervision. Die Supervisionsteilnehmerinnen und Teilnehmer erklärten, dass sie Reaktionsmöglichkeiten und Verhaltensstrategien für die Interaktion mit Patienten kennen gelernt und somit Kompetenzen erworben hätten; dies hätte auch eine Veränderung beziehungsweise

Erweiterung des Sichtwinkels auf die Situation bewirkt. Einen „Anstoß" (ebd. S. 204) für die Reflexion der täglichen Interaktionen mit den Patienten bekommen zu haben, beschrieb ein Supervisand. Ein anderer Teilnehmer sprach davon, es sei mehr Durchsetzungsvermögen und eine Professionalisierung „in der Arbeit mit schwierigen Patienten" (ebd. S. 243) bei sich und den Kollegen in Folge der Supervision zu beobachten. Auch seien die Supervisionsteilnehmer selbstsicherer und „selbstbewusster" (ebd. S. 243) in ihrer täglichen Arbeit geworden. Es könnten jetzt Hintergründe und Ursachen für Reaktionen und Verhaltensweisen von Interaktionspartnern reflektiert werden, was zu einer Erhöhung der Akzeptanz und des Verständnisses für ihre Patienten führen würde. Darin sei ein Beitrag zur Professionalisierung der eigenen beruflichen Interaktionen zu sehen. Im Gegensatz zu früheren Zeiten gestalteten diese Kollegen ihre Arbeit selbst und bewusst mit und forderten ihre Rechte gegenüber der Leitung ein, beziehungsweise setzten diese durch. Ein weiterer Teilnehmer ergänzte und bestätigte diese Aussagen. Er führte aus, er habe durch die Supervision die Angst vor Fehlern in der Interaktion mit Patienten verloren, könne sich jetzt in die Situation der Patienten besser hineinversetzen und sei ruhiger und mutiger geworden. In jedem Falle seien gute Vorschläge und Anregungen für die Arbeit mit Patienten von den Teilnehmern aus der Supervision mitgenommen worden. Dies bestätigten indirekt die befragten Leitungsmitarbeiter. Ihren Aussagen nach realisierten die Supervisionsteilnehmerinnen und Teilnehmer die Aktionen und Interaktionen im Arbeitsalltag bewusster und besser. Ferner würden sie den Umgang mit den Kolleg/innen bewusster gestalten.

Verbesserung kommunikativer Kompetenzen: Als weiteres Ergebnis der Supervision wurde in den Äußerungen der Interviewpartnerinnen/-partner, darunter eine Leitungsperson, eine Verbesserung der Kommunikation der Supervisionsteilnehmerinnen und Teilnehmer beschrieben. Die Teilnehmerinnen und Teilnehmer erklärten, sie hätten in der Supervision gelernt, konstruktiv zu kritisieren und so miteinander zu kommunizieren, dass sie zwischen Sachebene und Beziehungsebene unterscheiden könnten. Infolge dessen könnten sie Verletzungen jetzt besser vermeiden. Ferner habe die Supervision „ein Stück mehr Offenheit" (ebd. S. 246), mehr Mut zu und Sicherheit innerhalb einer offenen Kommunikation bewirkt. Sie wären nunmehr in der Lage, das eigene Anliegen bzw. Problem sowie das, was sie wirklich bewegt, vorzubringen und offen über ihre Gefühle zu reden. Auch in den Begegnungen und Auseinandersetzungen mit Vorgesetzten könnten sie sich besser artikulieren. Dies wurde durch eine weitere Leitungsperson bestätigt, die resümierte, dass durch die Supervision sich die Kommunikation untereinander, „das Reden-Können miteinander" (ebd. S. 243), verbessert habe.

Reflexionsprozesse: Für einige Teilnehmerinnen und Teilnehmer bewirkte die bisherige Supervision die Reflexion des eigenen Handelns und der Arbeit des Teams. Sie erklärten, diese Reflexionsprozesse setzten sich mitunter nach der Supervision noch fort. Andere Teilnehmerinnen und Teilnehmer bestätigten das; sie hätten die Fortsetzung der Reflexionsprozesse als hilfreich, aber manchmal auch als belastend erlebt.

Steigerung der Kritikfähigkeit: Die Mehrheit der befragten Supervisionsteilnehmerinnen und Teilnehmer führte aus, in der Sitzung über die Dinge sprechen zu können die sie ärgern. Es ist anzunehmen, dass die Artikulation von Unlustgefühlen im geschützten Raum die eigene Positionierung fördert und schließlich die Fähigkeit vergrößert wird, Kritik angemessen zu äußern.

Steigerung der Arbeitsmotivation und Innovation: In den Aussagen der Teilnehmerinnen und Teilnehmer wurde als ein weiteres Ergebnis der Supervision eine Steigerung der Arbeitsmotivation genannt. Sie führten aus, die Supervision hätte Ihnen „richtig Kraft gegeben" (ebd. S. 205) und sie hätten wieder mehr „Tatendrang" (ebd.) und Motivation für die Arbeit bekommen. Auch sei die Bereitschaft zur Veränderung gewachsen. Eine der Interviewpartnerinnen sah in Supervision „eine Gelegenheit ... die Arbeit zu erleichtern" (ebd. S. 242), da die Teilnehmer auf Verbesserungsmöglichkeiten in der Arbeit aufmerksam gemacht würden. Ein befragter Supervisand erlebte die Supervision als einen wichtigen Impulsgeber beziehungsweise Katalysator für die Veränderungsarbeit und Fortentwicklung jedes Einzelnen und des gesamten Teams. Ohne Supervision „würden [wir] dann irgendwann stehen bleiben" (ebd.) erklärte er. Dies bestätigte eine Leitungsperson mit ihrer Aussage, nach der die Mitarbeiterinnen und Mitarbeiter trotz der schwierigen und fordernden personellen Situation motiviert und innovativ seien und an positiven Veränderungen auf Station arbeiten würden. Genau die Mitarbeiterinnen und Mitarbeitergruppe, die regelmäßig zur Supervision gehe, habe sich auf eine neue Arbeitsform, die Bezugspflege, eingelassen. Sie sah eine kurzzeitige Entlastung der Mitarbeiterinnen und Mitarbeiter durch Supervision. Durch die Reflexion der Arbeit mit bedrohlichen, aggressiven Patienten und das gemeinsame Erarbeiten alternativer Umgangsformen bekämen die Mitarbeiterinnen und Mitarbeiter Hilfen an die Hand.

Steigerung des Selbstbewusstseins: In den Interviews zu den Ergebnissen wurde auch geäußert, die Teilnehmerinnen und Teilnehmer seien insgesamt selbstbewusster geworden und hätten aus der Supervision „für sich persönlich viel mit rausgenommen ... für das persönliche Leben.“ (ebd. S. 246). Eine Teilnehmerin sagte von sich selbst, sie sei ein „bisschen selbstbewusster geworden“ (ebd. S. 205). Eine Leitungsperson stellte fest, „zurückhaltende und schüchterne“ Mitarbeiterinnen seien „etwas gelöster“ geworden und hätten sich „mehr geöffnet“ (ebd.) als zuvor. Dies bestätigte eine weitere Leitungsperson. Eine Mitarbeiterin sei ihr besonders aufgefallen; sie habe mehr Selbstbewusstsein und Durchsetzungsvermögen bekommen, begegne anderen Mitarbeiterinnen und Mitarbeiter souveräner als vorher und behalte in kritischen Situationen die Ruhe und den Überblick.

Mehr Verständnis und Akzeptanz: Für die Teilnehmerinnen und Teilnehmer war ein weiteres Ergebnis der Supervision, dass Verständnis und Akzeptanz untereinander zugenommen haben. Dadurch dass das Team „zwischenmenschliche Sachen“ (ebd. S. 245-246) thematisiert und sich damit auseinandergesetzt habe, sei nun ein ganz anderes Verständnis untereinander vorhanden, und die Kolleg/innen würden positiver aufeinander reagieren, meinte eine Teilnehmerin. Dies bestätigten andere Gesprächspartner/innen, denen die Meinungsäußerungen aller Anwesenden in der Supervision, die verschiedenen Sichtweisen und Standpunkte, ermöglicht hätten, die Kolleg/innen besser kennen und verstehen zu lernen. Auch hätten sie ihren eigenen Standpunkt überdenken können und sich gegenseitig besser akzeptieren gelernt.

Fachwissen erworben: Mit dem Erwerb von Fachwissen als Ergebnis der Supervision beschäftigten sich weitere Äußerungen der Teilnehmerinnen und Teilnehmer. Ein Interviewpartner führte aus, die Supervision habe ihm als Berufsanfänger ermöglicht, das nötige „Rüstzeug" (ebd. S. 244) für die Betreuung und Begleitung der Patienten im Maßregelvollzug zu erwerben. In der Ausbildung würden psychische Erkrankungen zwar erwähnt, nicht gelehrt werde aber, wie eine professionelle Begleitung im Maßregelvollzug gestaltet werden müsse. Dieses Fachwissen habe er erst in der Supervision erwerben können.

Für eine andere Teilnehmerin waren die in der Supervision erworbenen fachlichen Informationen über die erst vor geraumer Zeit eingeführte Bezugspflege von großer Bedeutung. Sie sprach davon, dass sie „unheimlich viel" Wissen „mitgenommen" (ebd.) habe.

Multiplikatoreneffekt: Dass die Supervision an den nicht teilnehmenden Kolleginnen aus ihren Teams nicht spurlos vorüber gegangen ist, sagten die Teilnehmerinnen von zwei Teams aus. Bei allen Nichtteilnehmerinnen wurde zumindest Neugier und Interesse an der Supervision geweckt. Eine Teilnehmerin meinte sogar, die Supervision hätte auch Reflexionsimpulse bei einigen Nichtteilnehmerinnen ausgelöst.

Wunsch – künftig Supervision mit allen Teammitgliedern: Auch ein Ergebnis der Supervision ist der von einer Interviewpartnerin geäußerte, im Laufe des bisherigen Supervisionsprozesses entwickelte Wunsch aller Teilnehmerinnen und Teilnehmer, künftig mit dem gesamten Team, zu dem auch die Sozialarbeiterin, Therapeuten und Ärzte gehören, die Supervision durchzuführen. In der Supervision hätten die Teilnehmerinnen und Teilnehmer erkannt, dass für die Bearbeitung von berufsgruppenübergreifenden Anliegen und Teambelangen alle Mitarbeiterinnen und Mitarbeiter anwesend sein müssten.

Abhängigkeit der Ergebnisse von der Umsetzung der Erkenntnisse und dem persönlichen Engagement: Mit der Umsetzung der Anregungen, Erkenntnisse und Erfahrungen aus der Supervision beschäftigen sich Teilnehmerinnen und Teilnehmeräußerungen sowie Aussagen der Leitungspersonen. Zwei Diskussionspartnerinnen erklärten, die Anwendung des aus der Supervision in den Arbeitsalltag transferierten Wissens sei nicht immer einfach und gelinge auch nicht immer. Bei der Anwendung beziehungsweise Umsetzung der Anregungen und neuen Erkenntnisse in den entsprechenden Arbeitssituationen seien die Teilnehmerinnen und Teilnehmer mehr oder weniger schnell erfolgreich. Da die Umsetzung jedoch teilweise wieder in den Folgesupervisionen zum Thema gemacht werde, habe die Supervision einen großen Einfluss auf die Arbeit der Supervisanden. Ein Teilnehmer ergänzte, dass die in der Supervision besprochenen und gelernten Kommunikations- und Interventionsmöglichkeiten in der Arbeit mit dem Patienten - so man sich überwinde und sie anwende - tatsächlich wirksam und erfolgreich seien. Je öfter man sie ausprobiere, desto größer sei der Erfolg in der Zusammenarbeit mit dem Patienten; Voraussetzung sei allerdings das häufige Anwenden und „Üben" (ebd. S. 245). Für eine der befragten Leitungspersonen stand die Effektivität der Supervision im Zusammenhang mit den jeweiligen Defiziten der Supervisandinnen/-visanden. Sie war der Meinung, dass die Mitarbeiterinnen und Mitarbeiter von der Supervision an den Punkten am meisten profitieren würden, an denen sie die größten Defizite hätten, da dort der „Lerneffekt am stärksten" (ebd.) sei. Je nachdem, in welchen Bereichen die Mitarbeiterinnen und Mitarbeiter viele oder wenige Kompetenzen hätten, seien mehr oder weniger Effekte feststellbar. Etwas anderer Meinung war eine andere Leitungsperson. Ihrer Auffassung nach sind die Ergebnisse und Effekte, die die Supervision bei den Mitarbeiterinnen und Mitarbeiter hinterlässt, vom Interesse und Engagement der Mitarbeiterinnen und Mitarbeiter am Beruf und an der Supervision abhängig. Überzeugt war sie jedoch davon, dass selbst bei den eher inaktiven Teilnehmerinnen und Teilnehmer die Supervision Spuren hinterlasse und sie zumindest „im Stillen" (ebd.) etwas Hilfreiches für sich mitnähmen.

6. Die Bedeutung des Supervisors in der Supervision

Supervision als berufsbezogene Beratung und Weiterbildung findet in den verschiedensten beruflichen Kontexten statt. Ihre emotionale Tiefungsebene sowie ihr Fokus variieren je nach Anlass und Setting eher auf personenbezogene, fallbezogene, teambezogene oder organisationsbezogene Anliegen. *Die Gestaltung des Prozesses in der Supervisionsarbeit ist Aufgabe des Supervisors. Dafür benötigt er ein hohes Maß an psychologischem und organisationssoziologischem Wissen gepaart mit umfassenden persönlichen und methodischen Kompetenzen* (vgl. Möller 2003).

In diesem Kapitel gehe ich auf die Aufgaben und verschiedene Rollen ein, die einem Supervisor im Rahmen seiner supervisorischen Tätigkeit zugeschrieben werden bzw. die er mehr oder weniger bewusst einnimmt. Im Zusammenhang damit erörtere ich die Vor- und Nachteile von Feldkompetenz bei Supervisoren und stelle Qualitätskriterien für den „idealen Supervisor" vor.

6.1 Der Supervisor und was er so zu tun hat: Rolle, Einfluss und Wirkung

In der Auseinandersetzung mit der Rolle des Supervisors im Supervisionsprozess habe ich mich mit folgenden Fragen beschäftigt:

- Wie sieht sich der Supervisor selbst (Selbstattribution)?
- Wie wird der Supervisor von den Supervisanden und anderen Kontaktpersonen im supervisorischen Kontext gesehen; welche Rollenbilder werden beschrieben (Fremdattribution)?
- Wie wird eine Person zum Supervisor?
- Welche Aufgaben hat ein Supervisor?
- Was gehört nicht zu den Aufgaben eines Supervisors?
- Wodurch ist die Beziehung zwischen Supervisor und den Supervisanden gekennzeichnet?
- Welches Anstellungsverhältnis hat ein Supervisor?
- Wodurch zeichnet sich der „ideale" Supervisor aus?
- Und abschließend: Gibt es neue Rollenbilder für Supervisoren?

Im Rahmen von Supervision setzen sich Menschen mit ihrem Handeln und den damit verbundenen Interaktionen mit anderen Menschen auseinander. Inmitten dieser „Auseinandersetzungen" agiert der Supervisor als eine Art Motor bzw. Steuermann und muss verschiedenste Ebenen im Blick haben:

- die Ebene seiner Interaktionen/Aktivitäten hinsichtlich der Supervisanden,
- die Ebene der Supervisanden mit ihren Adressaten (Klienten, Patienten der Supervisanden),
- die Ebene der Supervisanden untereinander und
- die Ebene der Supervisanden mit spezifischen Mitarbeitern bzw. Organisationseinheiten.

In diesem Kontext nimmt der Supervisor unweigerlich verschiedene Rollen ein. Fatzer (2005) spricht von *„individuellen Rollensets"* (S. 265), *über die jeder Mensch verfügt.* Diese Rollensets *werden durch die Erwartungen anderer Menschen an uns gebildet und beeinflussen unsere Vorstellungen von gutem und angebrachtem Verhalten.*

Achterberg (1983) sieht sich *durch die Wünsche und Vorstellungen der Supervisanden, die gesellschaftlichen Rahmenbedingungen sowie durch eigene Ansprüche als Supervisor mehr oder weniger bewusst in verschiedene Rollen verführt.* Er spricht von der *Rolle*

- des redlichen Arbeiters,
- des Richters,
- des Arztes beziehungsweise Experten,

- des Pastors oder Predigers,
- des Gurus,
- des Superman,
- der guten Mutter,
- des Königs auf dem Affenfelsen sowie
- des Großvaters.

Als *redlicher Arbeiter* agiert der Supervisor mit pragmatischem Handwerkszeug, er bewegt etwas, ist klar und strukturiert. Kurzum, er leistet solide Arbeit, und dies zu einem fairen Preis.

In der *Richterrolle* entscheidet der Supervisor über Recht und Unrecht, Gut und Böse, oder auch Schuld und Sühne. Er ist parteiisch – vorzugsweise für den Supervisanden – hat Verständnis für den Supervisanden und unterstützt ihn.

Der Supervisor *als Arzt oder Experte* verfügt über mehr Wissen als seine Supervisanden. Dies könnte er auf Anfrage weitergeben, er hat jedoch gleichzeitig die Größe abzuwarten, bis die Supervisanden durch den Prozess selbst zu den Erkenntnissen gelangen. Von den Supervisanden wird diese kluge Zurückhaltung selbstverständlich mit Dankbarkeit belohnt. Als *Pastor oder Prediger* redet der Supervisor den Supervisanden ins Gewissen, um aus seiner Sicht falsche Einstellungen und Sichtweisen zu korrigieren. Er verkündet die wahrhaft professionellen Grundhaltungen und Strategien in der Arbeit mit dem Klienten. Sofern nötig, möchte er den Supervisanden bekehren, er nimmt ihm die Ohrenbeichte ab und kann ihm die Absolution erteilen.

In der *Rolle des Gurus* ist der Supervisor jemand, der es geschafft hat, der über den Dingen steht und mit abgeklärtem Gesicht Hoffnung auf paradiesische Zustände auf Erden verbreitet. Ihm kann man ohne Angst vor Verlust oder Überforderung alles anvertrauen.

Durch eine Verschmelzung der bisher beschriebenen Rollenattribute ergibt sich eine weitere Rolle, in der sich ein Supervisor wiederfinden kann.

Gemeint ist die *Rolle des Superman.* Er hilft zur rechten Zeit am richtigen Ort, hat unbegrenzte Möglichkeiten und wird von seinen Schützlingen hoch verehrt und voller Dankbarkeit gern gesehen.

Der Supervisor als *gute Mutter* ist warmherzig, geduldig, annehmend, erlaubend und mitfühlend. Kurz gesagt, man kann sich sicher, wohl und geborgen fühlen.

Als *König auf dem Affenfelsen* verkörpert der Supervisor hingegen das superpotente Ober-Männchen, das von allen umschwärmt wird. Aufgrund seiner Omnipotenz und erhabenen Distanziertheit ist die Gefahr einer wirklichen Einzelbeziehung jedoch gering.

Den Abschluss bildet der Supervisor in der *Rolle des weisen, unbedrohlichen Großvaters*. In dieser Rolle steht das intellektuelle altmännliche Vorbild im Vordergrund, ohne durch zu präsente Erotik zu beeinflussen.

Zusammenfassend stellt Achterberg (ebd.) fest, dass *weder der Supervisor noch die Supervisanden einseitig für die Übernahme der verschiedenen Rollen die Verantwortung tragen, sondern dass diese Rollen durch die Begegnung zwischen ihnen immer erst entstehen.* Er bezeichnet *die verschiedenen „Verkleidungen“* als „legitime Schutzwege“ (S. 25), die *nur dann problematisch werden, wenn sie unreflektiert nicht mehr verlassen werden. Wichtig ist, dass der Supervisor seine eigenen Wünsche, Eitelkeiten und Schwachstellen kritisch reflektiert, sich weiterentwickelt, jedoch auch selbst akzeptiert.* Für seine Umwelt *sollte* er *sich* trotz der künstlichen Situation, die eine Supervisionssitzung darstellt, *als Mensch sichtbar und erlebbar machen.* Tut er dies nicht oder unzureichend, bietet er sich unweigerlich als Projektionsfläche an, auf die Gefühle von Hilflosigkeit, Unwissenheit, Ohnmacht, Getrenntheit und Verlassenheit durch die Supervisanden übertragen werden können (vgl. Möller 2003, 55).

Eine weitere, *die Rolle eines Supervisors prägende Größe, ist seine bisherige persönliche und berufliche Sozialisation.* Hierzu gehört unter anderem:

- welche Erfahrungen er in seinen bisherigen Kontakten mit Menschen gesammelt hat,
- wie sein Selbstkonzept geprägt ist und welche Glaubenssätze er hat,
- welcher Profession er angehört, ob er z.B. Psychologe, Sozialarbeiter oder Lehrer ist,

- welchen beruflichen und wissenschaftlichen Werdegang er bisher erfahren hat,
- welche Modelle und Vorbilder er hat,
- zu welchen sozialen Systemen er sich zugehörig fühlt,
- wie er sich präsentiert (unter anderem durch Kleidung) und in Szene setzt und nicht zuletzt,
- wie er sich selbst als Supervisor sieht.

Ein *ebenfalls bestimmender Aspekt in diesem Zusammenhang ist die konzeptionelle und methodische Orientierung des jeweiligen Supervisors* (siehe Kap. 3). Durch welche Konzepte und Methoden ist er geprägt und wie authentisch und souverän wendet er das, was er gelernt hat, in der Praxis an? Inwieweit hat er einen eigenen methodischen Ansatz oder Stil entwickeln können und verfügt über Techniken, die durch seine Erfahrungen geprägt sind? *Ist er der kritische Zuhörer und Fragensteller; der Helfer beim Entdecken der individuellen Wahrheiten und Welten, der aktiv und kreativ auf die Professionalisierung des perspektivischen Handels der Supervisanden fokussiert?* In welcher Weise gelingt es ihm, die beraterischen Grundhaltungen wie Empathie, Kongruenz und Akzeptanz mit einem gewissen Maß an Abstinenz zu verbinden, gezielt einzusetzen und zu leben? *Er sollte neutral bleiben und sich nicht auf Spiele wie zum Beispiel „Mann-Frau-Spiele" oder „Erwachsenen-Kind-Spiele"* (Wieringa 1983, 17) *einlassen.*

Hinzu kommt die Sicht des Supervisors auf die Supervisanden; in welcher Rolle er die Supervisanden sieht, welchen Grad an Selbstbeteiligung und Mitgestaltung am Supervisionsprozess er von ihnen erwartet und einfordert.

Hege (1983) sieht den *Supervisor in der Rolle des authentischen und in seinem Handeln transparenten Beraters.* Er sollte authentisch in Bezug auf sich und die Supervisionsszene sein, transparent in Bezug auf sein methodisches Handeln, abstinent im Sinne von Zurückhaltung und Abwartenkönnen und kritisch bezüglich einer Erkenntnis- und Ergebnisoberflächlichkeit. Der Supervisor stellt für den Supervisanden nachvollziehbare Fragen, um dem Supervisanden in Bezug auf sein Berufsfeld und seine Rolle dort zu Antworten zu verhelfen. *Er sollte zurückhaltend mit Bewertungen und Deutungen umgehen, um dem*

Supervisanden genügend Raum zur Reflexion und Entwicklung zu lassen. Um ein Ergebnis durch gemeinsame Aufklärung innerhalb der Supervision entstehen zu lassen, muss der Supervisor lange genug abwarten können. Der Grad an Abstinenz im Supervisionsprozess sollte vom Supervisor aufmerksam reflektiert werden. Aufmerksamkeit ist auch bezüglich der Funktion von Supervision, insbesondere bei Dauersupervision gefragt. Verkommt die Supervision möglicherweise zur Wohlfühleinheit innerhalb des sonst harten und mitunter frustrierenden Arbeitsalltages und wird so zur Ersatzbefriedigung? Hierbei können sowohl Bedürfnisse seitens der Supervisanden als auch seitens des Supervisors eine Rolle spielen. *Statt zur „Befriedigung und Beschwichtigung" der Supervisanden beizutragen, soll der Supervisor die Supervisanden mit ihren „Scheinlösungen" und „Fluchtwegen" (ebd. S. 8) konfrontieren, um ihnen zu professionellen Lösungsansätzen und neuen Sichtweisen zu verhelfen.* Supervision ist ein Arbeitsprozess und keine Auszeit, in der man „es sich Gut-sein-lässt" (ebd.).

In diesem Zusammenhang ist der *Anspruch eines Supervisors an das eigene professionelle Handeln bedeutend.* Wie werden Ergebnisse von Supervision definiert, was sind Erfolge, was Misserfolge? Wann gilt eine Sitzung als gelungen, ein Supervisionsprozess als erfolgreich gestaltet und konstruktiv sowie effektiv verlaufen? *Welche Maßnahmen zur Reflexion des supervisorischen Handelns und welche Möglichkeiten zur Evaluation der Wirksamkeit der eigenen Arbeit werden vom Supervisor eingesetzt* (vgl. Auckenthaler 1998).

Ebenfalls nicht unbedeutend ist der *Einfluss, den das Anstellungsverhältnis auf die Rolle eines Supervisors hat.* Leuschner (1983) unterscheidet *fünf Gruppen von Supervisoren:*

- die in einer Institution angestellten Supervisoren,
- die nebenberuflich agierenden Supervisoren,
- die freiberuflich tätigen Supervisoren,
- arbeitslose Fachkräfte, die sich zwangsläufig ebenfalls als freiberufliche Supervisoren erklären und
- die sogenannten „Supervisoren durch Selbstdefinition" (S. 66).

Supervisoren, die *in einem befristeten oder unbefristeten Anstellungsverhältnis* für und in einer Institution arbeiten, supervidieren regelmäßig und oder auf Anfrage die Mitarbeiter und Gremien dieser Institution. Sie sind einerseits in der Rolle eines Angestellten, die sich gegenüber der Institution und Leitung verpflichtet fühlen sollten, andererseits sind sie in der Rolle des professionellen Beraters, die die kritische Reflexion der Arbeit der Mitarbeiter anregen und begleiten und sich dabei möglichst neutral verhalten sollten.

Mit *nebenberuflich tätigen Supervisoren* ist die Personengruppe gemeint, die hauptberuflich mit einer anderen als der supervisorischen Tätigkeit an einer Institution angestellt sind. Neben diesem Hauptberuf arbeiten sie als Supervisoren mehr oder weniger regelmäßig und häufig in den verschiedensten Feldern der Sozialen Arbeit, der Wirtschaft, der Verwaltung und in anderen Bereichen.

Freiberufliche Supervisoren arbeiten in eigener Niederlassung (sie sind selbst ihre Institution) hauptsächlich in ihrem Beruf als Supervisor. Sie beziehen ihr Einkommen überwiegend aus ihrer supervisorischen Arbeit und sind daher auf genügend Aufträge aus dem Supervisionsmarkt angewiesen.

Unter der Überschrift der *arbeitslosen Fachkräfte* werden die Personen subsumiert, die einen Grundberuf beispielsweise als Psychologe, Pädagoge, Sozialarbeiter, Arzt oder anderes haben, zusätzlich über eine Ausbildung als Supervisor verfügen und durch Arbeitslosigkeit in ihrem Grundberuf zwangsläufig ihr Einkommen durch Supervision verdienen. Leuschner nennt diese Supervisorengruppe auch „Zwangsfreiberufler" (ebd. S. 66), da sie wieder in ihrem Beruf arbeiten würden, wenn es der Arbeitsmarkt ermöglicht.

Zu der Gruppe der *„Supervisoren durch Selbstdefinition"* (ebd.) gehören nach Leuschner die bereits genannten Berufsgruppen, in diesem Falle allerdings ohne eine Ausbildung zum Supervisor. Diese selbst definierten Supervisoren fühlen sich aufgrund ihres Basisberufes und oder ihrer Praxiserfahrung in der Lage, supervisorisch zu arbeiten und realisieren dies auch mehr oder weniger professionell.

Kersting (1983) spricht auch die Gefahr der Sucht nach *Supervision* an und bezeichnet sie als *„die süße Droge subtiler Machtausübung, getarnt als Hilfeleistung"* (S. 62). Vor diesem Hintergrund *fordert* er die *Supervisoren dazu auf, die ihnen zugeschriebene Macht demütig* *zu nutzen und sich eher als Hebamme zu sehen, denn als Erzeuger. Eigene Wünsche, Bedürfnisse und Beweggründe sollten kritisch reflektiert und die unweigerlich vorhandenen Verflechtungen mit den Supervisanden beziehungsweise mit dem jeweiligen Feld erkannt werden.* Die persönlichen und fachlichen Kompetenzen sollten einerseits gezielt und selbstbewusst eingesetzt, andererseits sollte die eigene supervisorische Arbeit als ewiges Lernfeld betrachtet werden.

6.2 Braucht ein Supervisor Feldkompetenz?

Ob zu der supervisorischen Fachkompetenz im Allgemeinen und Speziellen auch Feldkompetenz gehört, dazu gibt es in der Supervisionsliteratur sehr unterschiedliche Auffassungen. Darüber, dass *Supervisoren für eine professionelle Arbeit mehrdimensional qualifiziert sein müssen*, scheint hingegen Einigkeit zu herrschen. Heltzel (1998) spricht von einer *„(psycho-)therapeutischen Basisqualifikation" in Verbindung mit einer „sozialwissenschaftlichen" und oder „organisationssoziologischen" Qualifikation* (S. 66). Bevor ich näher auf die Vor- und Nachteile von Feldkompetenz eingehe, seien an dieser Stelle die Begriffe „Feldkompetenz" und „Felddynamik" – beschrieben durch Heltzel (in Anlehnung an Berker 1994) – erklärt:

Mit *Feldkompetenz ist das Wahrnehmen, Verstehen und Mitgestalten der spezifischen Felddynamik und Organisationskultur* in Form eines kontinuierlichen, professionell gestalteten Lernprozesses gemeint. *Felddynamik* beinhaltet *die Dynamik, die von der jeweiligen Klientel ausgeht, die Dynamik zwischen und unter den Professionellen sowie die Institutionsdynamik und ihre Wechselwirkungen* (vgl. Heltzel ebd. S. 68).

Als *Vorteil von Feldkompetenz* werden unter anderem genannt:

- die Kenntnis der institutionellen Rahmenbedingungen, Strukturen und Machtverhältnisse,
- Wissen über die Spezifik des Personals und ihrer Klientel,
- die Kenntnis über die im jeweiligen Feld vorkommenden Verflechtungen und Übertragungskonstellationen,
- ein hohes feldspezifisches Fachwissen,
- Kenntnis über die Aufgaben und Arbeitsaufträge der Supervisanden sowie

- die Fähigkeit, die wechselseitige Einflussnahme der Dynamik zwischen der Klientel, dem Personal und der Organisation wahrnehmen, verstehen und kompetent mitgestalten zu können.

Nachteile von Feldkompetenz könnten hingegen sein:

- der Verlust von Neugier und Unvoreingenommenheit,
- Schwierigkeiten, vorhandene Strukturen in Frage zu stellen,
- wenig Fremdes, Irritierendes, für hilfreiche Fragen, die das System verstören könnten sowie
- zu viel Nähe und eigenes Verwobensein, um die Drauf- und Übersicht immer wieder von Neuem bekommen zu können (vgl. auch Bauer 2004, 123).

Anstrebenswert ist aus meiner Sicht ein *gewisses Maß an Feldkompetenz, verbunden mit der hohen Kunst, sich zu dem bekannten Feld immer wieder eine hilfreiche Distanz aufbauen zu können.* Den Supervisanden mit ihrer Klientel und Arbeit sollte einerseits verstehend und vertrauensvoll sowie andererseits mit Abstand, Neugier, Offenheit und vielen Fragen begegnet werden. Gemeint ist die „Dialektik von Vertrautsein und Fremdsein, [von]... Wissen (Fachkompetenz) und Nichtwissen (Unvoreingenommenheit)“ (Heltzel 1998, 71), die immer wieder von Neuem hergestellt werden muss.

Feld- und somit spezifische Fachkompetenz zu erwerben, ist auf unterschiedliche Weise möglich. Eine Möglichkeit ist, dass man in der Vergangenheit selbst als Mitarbeiter in den jeweiligen Feldern tätig war. Eine andere Möglichkeit ist, dass man sich als Supervisor bewusst und intensiv darum bemüht, Informationen und Fachwissen über das jeweilige Feld und seine Dynamik zu erwerben. Beiden Wegen ist gemeinsam, dass der Prozess der Entwicklung von Feld- und Fachkompetenz niemals als abgeschlossen angesehen werden kann, sondern bewusst und kontinuierlich fortgeführt werden muss.

6.3 Der ideale Supervisor: Qualitätskriterien für Supervisoren

In den bisherigen Ausführungen zur Rolle des Supervisors wurden die unterschiedlichen Meinungen zu den Anforderungen beziehungsweise *Ansprüchen an die Qualifikationen und Fachkompetenzen eines Supervisors* aus der Sicht verschiedener Autoren beschrieben. Im

Folgenden fasse ich *wesentliche Kriterien* zusammen, die den „idealen Supervisor" auszeichnen sollten.

Schmelzer (1997) stellt einen Querschnitt von in der Literatur beschriebenen Qualifikationskriterien für Supervisoren vor und nennt darauf aufbauend die Ebenen ihrer Entwicklung. Zusammenfassend ergeben sich daraus für einen „idealen Supervisor" – orientiert an der Einteilung von Carifio & Hess (1987/1988, zitiert von Schmelzer) – folgende therapieschulenunabhängige wesentliche Merkmale:

1. *Individuelle Persönlichkeitsmerkmale* – der ideale Supervisor sollte:
   - empathisch, kongruent und akzeptierend,
   - respektvoll, wertschätzend und erlaubend,
   - menschlich, transparent, engagiert und interessiert,
   - aufmerksam, flexibel, aufgeschlossen und konkret,
   - humorvoll, optimistisch und lebensbejahend sein.
2. *Fachliche Merkmale* – er sollte sich fachlich und innerhalb seiner Arbeit auszeichnen durch:
   - supervisionsspezifisches Wissen und Können,
   - selbsterfahrenen, reflektierten Umgang mit der eigenen Rolle; Akzeptanz der damit verbundenen Implikationen wie Autorität, Verantwortung und Macht,
   - Neutralität und „Nicht-Manipulierbarkeit",
   - geschulte, hoch sensibilisierte Wahrnehmung sowohl intro- als auch extrospektiv, verbunden mit professionellen Fähigkeiten in Gesprächsführung und Kommunikation,
   - Transparenz in seinem Handeln, Kritikfähigkeit und methodische Flexibilität,
   - Fähigkeit zum Aufbau einer vertrauensvollen, wertschätzenden, erlaubenden, offenen, konstruktiven und kooperativen Arbeitsbeziehung,
   - Fähigkeit zum Herstellen von Supervisionsprozessen als unterstützende Arbeit unter Berücksichtigung ethischer, juristischer und administrativer Rahmenbedingungen,
   - eine Orientierung an den Bedürfnissen der Supervisanden,
   - den Einsatz von Methoden und Techniken, die dem Feld, der Gruppe, dem Entwicklungsprozess und der Situation ange-

messenen sind, sowie die Fähigkeit zur Anwendung adäquater Diagnostik, von Interventionen und theoretischem Wissen,

- die Fähigkeit zur konstruktiven Analyse von Problemen beziehungsweise vorgestellten Situationen aus dem Arbeitsalltag der Supervisanden unter Berücksichtigung persönlicher, teambezogener, institutioneller und gesellschaftlicher Interdependenzen,
- strukturiertes Vorgehen mit klarer Zielsetzung,
- Geduld und ein adäquates Maß an Abstinenz beim Anregen und Steuern von Erkenntnisprozessen bei den Supervisanden,
- das Vermögen, die Ressourcen und Fähigkeiten der Supervisanden herauszuarbeiten, verbunden mit der Anerkennung ihrer Arbeit und Bestätigung ihres Selbstwertgefühls,
- das Wahrnehmen seiner kritischen Funktion gegenüber den Supervisanden, durch kritisch-konstruktives Feedback und Konfrontation mit verbesserungsbedürftigen Kompetenzbereichen,
- Geduld und Toleranz bezogen auf Fehler, Spannungen, Unsicherheit, Rat- und Hilflosigkeit gegenüber den Supervisanden und sich selbst,
- Unterstützung der Supervisanden bei der Entwicklung von Zielen und Strukturen,
- Humor in und Freude bei der supervisorischen Arbeit,
- Kompetenz im und Identifikation mit dem Feld in Balance mit der Aufrechterhaltung einer professionellen Distanz,
- die Fähigkeit der Abgrenzung von Supervision zur Therapie,
- kontinuierliche Weiterbildung, durch Aneignung von aktuellem Fachwissen, Auseinandersetzung mit Publikationen aus der Supervisionsforschung und Entwicklung eines eigenen theoretischen Standpunkts sowie Teilnahme an speziellen Fachtagungen, -seminaren und -workshops,
- Einsatz von Maßnahmen zur Qualitätssicherung des eigenen Handelns; Evaluation der eigenen supervisorischen Arbeit (beispielsweise durch Kontrollsupervision), durch Supervisandenbefragungen, Tonband- und oder Videoaufnahmen

und deren wissenschaftliche Auswertung sowie Publikation eigener wissenschaftlicher Erkenntnisse sowie

- die Vermittlung von Techniken zur Qualitätssicherung für die Arbeit der Supervisanden (vgl. Schmelzer 1997, 179-186).
- Zusammengefasst erzeugen die aufgeführten Merkmale eher den Eindruck nicht erreichbar zu sein. Betrachtet man jedoch die Arbeit von ausgewiesenen bzw. erfolgreichen Supervisoren, so wird man feststellen, dass sie auf der Grundlage o.g. Persönlichkeitsmerkmale und mit der beschriebenen fachlichen Kompetenz agieren.

Meine Darstellung wesentlicher Kriterien, durch die sich ein idealer Supervisor auszeichnen sollte, möchte ich mit einer Art *Überprüfungskatalog für Supervisoren* abschließen. Dieser Katalog *ist als Hilfe für Personen, Gruppen und Teams gedacht, die mit einem Supervisor bereits einen Supervisionsprozess begonnen haben und die Qualität ihrer Supervision beziehungsweise der Arbeit ihres Supervisors einschätzen wollen.*

Orientiert habe ich mich dabei an Schumacher (1997, zitiert in Pühl 1998), der von einer „Checkliste für bereits laufende Team-Supervisionen" (S. 165) spricht.

6.4 Überprüfungskatalog für Supervisoren

In dem von mir zusammengestellten Überprüfungskatalog habe ich versucht, *Kriterien zur Überprüfung zu formulieren, die allgemein und auf alle Arbeitsformen von Supervision anwendbar* sind. Aus Gründen der Übersichtlichkeit habe ich die Fragen *drei Kategorien zugeordnet: der Kontakt- und Probephase, der Prozessgestaltung und den Ergebnissen der Supervision.* Ohne Anspruch auf Vollständigkeit sollen den Supervisanden folgende Fragen bei der Einschätzung, ob sie bei ihrem derzeitigen Supervisor gut aufgehoben sind, hilfreich sein:

6.4.1 Fragen zur Kontakt- und Probephase der Supervision

- Hat der Supervisor beim ersten Kontakt mit den Supervisanden transparent vermittelt, welche telefonischen und persönlichen

Vorgespräche mit Mitarbeitern der Einrichtung bezüglich dieser Supervision bereits stattgefunden haben, was abgesprochen und was vereinbart wurde?

- Hat er dargestellt, was ihn als Supervisor qualifiziert, mit welchem methodischen Konzept er arbeitet und welchen theoretischen Standpunkt er vertritt?
- Hat der Supervisor seinen Supervisionsauftrag, die möglichen Inhalte und die Grenzen der Supervision, das Setting sowie das Einbeziehen der Leitung thematisiert und mit den Supervisanden abgesprochen?
- Hat er in der Phase des Kennenlernens und der Vertrauensbildung den Supervisanden und ihrem Feld entsprechende Methoden und Techniken eingesetzt?
- Konnte der Supervisor das Gefühl vermitteln, die Arbeit, Struktur und Rahmenbedingungen des Feldes sowie die Probleme und Anliegen der Supervisanden verstehen zu können?
- Hat der Supervisor Probesitzungen mit einer gemeinsamen Auswertung und der Möglichkeit zu Veränderungen oder der Beendigung der Supervision vereinbart?

6.4.2 Fragen zur Prozessgestaltung der Supervision

- Berücksichtigt der Supervisor in ausreichendem Maße die spezifischen persönlichen, rollen-, team-, abteilungs- und organisationsbezogenen sowie gesellschaftlichen Abhängigkeiten und Wechselwirkungen innerhalb der Arbeit seiner Supervisanden?
- Verfügt der Supervisor in Bezug auf Methoden, Techniken und Interventionen über Flexibilität und ein vielfältiges Repertoire?
- Vermag der Supervisor eine effektive Arbeitsatmosphäre, geprägt durch gegenseitige Wertschätzung, Offenheit, Vertrauen und Ernsthaftigkeit einerseits und eine gewisse Lockerheit, eine erlaubende Haltung und Humor andererseits zu schaffen?
- Ist die Prozessgestaltung des Supervisors für die Teilnehmer an seiner Supervision transparent und nachvollziehbar?
- Arbeitet der Supervisor strukturiert und strukturierend sowie ressourcen- und lösungsorientiert?

- Fokussiert der Supervisor bei der Bearbeitung der Probleme und Anliegen seiner Supervisanden auf ihren professionellen Arbeitsalltag und ihren Arbeitsauftrag, anstatt einen Teilnehmer als Person in den Mittelpunkt zu stellen, und verfügt er dafür über ausreichende Feldkompetenz?
- Ist der Supervisor allen Supervisionsteilnehmern gegenüber gleichermaßen aufmerksam und zugewandt einerseits und bleibt andererseits dennoch neutral und unparteiisch?
- Fühlen sich die Supervisanden mit ihren Anliegen durch den Supervisor genügend ernst genommen und erhalten sie bezogen auf ihre Fachlichkeit und Arbeit ausreichend Anerkennung und Unterstützung?
- Erhielten die Supervisanden durch den Supervisor auch schon ein kritisches Feedback, aus dem sie für sich Ideen für konstruktive Veränderungen ableiten konnten?
- Kann der Supervisor unterschiedliche Meinungen und Sichtweisen zulassen und sie konstruktiv für den Prozess und die Erarbeitung von Lösungsansätzen nutzen?
- Versteht es der Supervisor, alle Supervisanden in die Fallbearbeitung von anderen Supervisionsteilnehmern motiviert einzubeziehen?
- Verlassen die Supervisanden die Supervisionssitzung auch nach einer intensiven, komplexen Fallbearbeitung eher zufrieden und inspiriert?
- Erfragt der Supervisor zu Beginn einer neuen Sitzung den Stand der Entwicklung von zuvor besprochenen Fällen und erarbeitet er bei Bedarf mit den Supervisanden weitere Lösungsstrategien?
- Hat der Supervisor mit den Supervisionsteilnehmern einen Themenspeicher angelegt, der Themen beinhaltet, mit denen sich die Supervisanden neben der aktuellen Fallbearbeitung in der Supervision beschäftigen und auseinandersetzen möchten?

6.4.3 Fragen zu Ergebnissen der Supervision

- Werden die Supervisanden durch die Supervisionen motiviert, Erkenntnisse aus der Fallbearbeitung in die Tat umzusetzen, bestimmte Dinge zu unterlassen und auch Neues auszuprobieren?
- Konnten die Supervisanden die in der Supervision gewonnenen

Erkenntnisse und Ideen sowie erarbeitete Strategien und Lösungsansätze in ihren Arbeitsalltag transferieren und in verschiedenen Situationen beziehungsweise auch zu späteren Zeitpunkten nutzen?
- Ermutigt der Supervisor zum kritischen Feedback und zur konstruktiven Kritik an seiner Arbeit?
- Werden die Ziele der Supervision kontinuierlich hinterfragt, überprüft und gegebenenfalls korrigiert?
- Werden Ergebnisse und Effizienz der Supervision durch den Supervisor regelmäßig evaluiert?
- Ist der Supervisor bereit, die Abstände der Supervisionssitzungen an dem Bedarf seiner Supervisanden zu orientieren?
- Freuen sich die Supervisionsteilnehmer auf ihre nächste Supervisionssitzung oder empfinden sie diese eher als Belastung?

Können Supervisionsteilnehmer ungefähr zwei Drittel der Fragen aus dem Überprüfungskatalog mit einem Ja beantworten, haben sie – verglichen mit der Checkliste und Bewertung von Schumacher – *einen guten Supervisor ausgewählt* (vgl. Pühl 1998). *Ungeachtet dessen ist bei der Suche nach dem passenden, beziehungsweise idealen Supervisor die zwischenmenschliche Komponente im Kontakt zwischen Supervisor und Supervisanden sehr bedeutsam.* Umgangssprachlich heißt es auch, dass neben aller Fachlichkeit und Professionalität des Supervisors, zwischen den am Supervisionsprozess Beteiligten einfach „die Chemie stimmen muss“.

Neben den Supervisionsteilnehmern selbst werden auch Leitungspersonen und/oder Geldgeber an der Überprüfung der Qualität der Arbeit des Supervisors und der Supervision insgesamt interessiert sein. Schließlich geht es nicht zuletzt um die nicht unerheblichen Kosten für die Supervision und die Legitimation dafür. Auch an dieser Stelle könnte ein Fragenkatalog zur Überprüfung der Qualität der Arbeit des Supervisors, der Zufriedenheit der Supervisanden und insgesamt der Qualität und Ergebnisse der Supervision hilfreich und nützlich sein. Der von mir erstellte Katalog soll ein Modell oder Grundgerüst darstellen.

6.5 Brauchen wir neue Rollenbilder für den Supervisor?

Zum Abschluss der Auseinandersetzung mit der Rolle des Supervisors möchte ich noch einmal auf die von Achterberg (1983) beschriebenen und meines Erachtens noch heute relevanten Rollenbilder zurückgreifen. Die Rede ist von der Rolle des redlichen Arbeiters, des Richters, des Arztes beziehungsweise Experten, des Pastors oder Predigers, des Gurus, des *Superman*, der guten Mutter, des Königs auf dem Affenfelsen sowie des Großvaters. Um der Entwicklung in der Supervision Rechnung zu tragen, muss sich hier jedoch die Frage anschließen, ob neue, zeitgemäße Rollenbilder für Supervisoren entstanden sind. Diese Frage ist durch die sich verändernden gesellschaftlichen Strukturen sowie durch die Entwicklung von Supervision zu einer eigenen Disziplin mit einem eindeutigen Ja zu beantworten. Neue Rollenbilder für den Supervisor könnten z.B. folgende sein:

- Anleiter auf Zeit oder Vorsprungwissender,
- Lehrer,
- Sozialwissenschaftler,
- Team- und Personalentwickler,
- Organisationsberater,
- Forscher,
- Rollenspieler,
- Sprachkünstler und
- Qualitätsexperte.

Im Kontext der gesellschaftlichen Wende in Ostdeutschland könnten Supervisoren vor allem in den ersten Jahren nach der Wende in den Rollen des *Anleiters auf Zeit* oder *Vorsprungwissenden* agiert haben. Belardi (1999) spricht von dem wichtigen „Nachqualifizierungsaspekt der Supervision“ (S. 32) in den ersten Jahren nach der Wende. Der Supervisor hatte damals, orientiert an den Bedürfnissen der Supervisanden, vor allem die Funktion des Anleiters und Fachberaters. Für diese Funktion in dieser Zeit war Feldkompetenz eine wesentliche Voraussetzung, sollte es zu einem Gelingen des Supervisionsprozesses kommen. Die Supervisanden wollten an dem fachlichen Wissen des Supervisors partizipieren. Sie benötigten zum Teil elementare Grundlagen für ihre tägliche Arbeit, da ihnen diese durch die gravierenden politischen, wirtschaftlichen und sozialen Veränderungen entzogen worden waren.

Möller (2003) sieht den Supervisor (neben anderen Rollen) grundsätzlich in der Rolle des *Lehrers*, dessen Basisaufgabe es ist Wissen zu transportieren. Ihres Erachtens zeichnet sich gute Supervision dadurch aus, dass Erkenntnisse aus der Psychotherapieforschung, der Sozialpsychologie und der Arbeits- und Organisationspsychologie in die supervisorische Arbeit einfließen (vgl. S. 311).

Die Rolle als *Sozialwissenschaftler* hat der Supervisor nach Möller (vgl. ebd.), da er unterschiedliche Wissensbestände miteinander vernetzen muss, um Erkenntnisgewinnung als Ergebnis von Supervision zu ermöglichen. Plurale Lebenszusammenhänge sollen mit Hilfe von Supervision betrachtet, verstanden und gestaltet werden. Dafür soll Supervision Perspektiven der Betrachtung und Folien des Verstehens erarbeiten (vgl. Petzold u.a. 1997a, 23, zit. in: Möller 2003, 292).

In der Rolle des *Team- und Personalentwicklers* ist der Supervisor zu sehen, da er im Rahmen der Supervisionssitzungen zur Erweiterung der Ressourcen und zur Weiterentwicklung der fachlichen Kompetenzen der Supervisanden beiträgt.

Die Rolle des *Organisationsberaters* schreibt Möller (vgl. ebd.) dem Supervisor zu, da er schon im Rahmen seiner Vertragsverhandlungen in den jeweiligen Organisationen, in denen er Supervision durchführen bzw. in die er sie implementieren will, verändernd tätig wird. Einen Veränderungsimpuls gibt er schon durch gezielte Fragen über die Institution und den Auftrag sowie über die Darstellung seiner Auffassung von Supervision (vgl. ebd. S. 306).

Die Rolle des *Forschers* nimmt der Supervisor ein, wenn er sich an der Theorie- und Konzeptentwicklung von Supervision beteiligt. Dazu gehört, dass er sich kontinuierlich mit aktueller supervisionsrelevanter Literatur beschäftigt sowie seine Supervisionspraxis reflektiert und evaluiert. Nicht jeder Supervisor kann oder will sich an der Supervisionsforschung beteiligen. Dennoch kann er einen Beitrag zur Weiterentwicklung von Supervision durch die Evaluation seines supervisorischen Handelns im Rahmen von kollegialer Supervision oder Lehrsupervision leisten (vgl. ebd. S. 312).

Als *Rollenspieler* ist der Supervisor nach Auffassung von Möller (vgl. ebd.) zu sehen, da es für gelungene Supervisionsprozesse förderlich scheint, rollentheoretische Perspektiven einzunehmen. Sie definiert die Rolle (angelehnt an Plessner 1982 sowie Parson 1951) „als Ort in einem sozialen System und als Antizipation von

Zuschreibungen“ (ebd. S. 313). Der Mensch ist als soziales Wesen zu sehen, das immer unter dem Zwang steht, soziale Rollen verkörpern zu müssen. Im geschützten Rahmen der Supervision können durch das Aufzeigen gegenseitiger Zuschreibungsphänomene Rollenübernahmen, Rollenausgestaltungen und Rollenhandeln überprüft und verändert werden.

In der Rolle des *Sprachkünstlers* ist der Supervisor durch seinen bewussten Einsatz von Sprache zu sehen, die er an der Ausdrucksweise der jeweiligen Supervisanden orientieren sollte. Insbesondere der Gebrauch von Metaphern bzw. metaphorischen Gleichungen in der Supervision verhilft den Supervisanden dazu, Situationen in einem anderen Licht zu sehen und ihnen einen anderen Sinn zu geben. Hinzu kommt der gezielte Einsatz förderlicher Fragetechniken, die zum Weiterdenken und Finden von Antworten anregen (vgl. ebd. S. 314-315).

Da Supervision als eine Maßnahme zur Qualitätsentwicklung in Organisationen für Teams und Einzelpersonen eingesetzt wird, könnte der Supervisor auch in der Rolle des *Qualitätsexperten* gesehen werden. Gemeint ist hierbei der Beitrag, den der Supervisor und die Supervision zur Annäherung an das Thema Qualitätsentwicklung leisten. Beispielsweise wird im Rahmen der Supervision – angeregt durch den Supervisor – die Qualität der Arbeit durch die kritische Reflexion des Handelns im Team sowie in der Interaktion mit der Klientel thematisiert. Angebotsprofile werden überprüft, strukturelle Gegebenheiten hinsichtlich ihrer förderlichen oder behindernden Wirkung diskutiert. Es findet mehr oder weniger offensiv eine Auseinandersetzung mit der Qualitätsdebatte statt und die Supervisanden werden angeregt, Qualitätskriterien für ihre Arbeit zu definieren und sich aktiv an der Selbstevaluation zu beteiligen (vgl. Pühl 1998; Merchel 1998).

7

7. Supervision ohne Supervisor?

Anleitung zur kollegialen Supervision/ Praxisberatung

Nachdem ich in den vorangegangenen Kapiteln die theoretischen Grundlagen zum Thema Supervision ausgeführt und die Rolle des Supervisors im Supervisionsprozess erörtert habe, werde ich im Folgenden eine Anleitung zur selbstständigen Durchführung von Supervision geben. Selbstständig bedeutet dabei, dass die Supervision ohne einen externen Experten bzw. Supervisor durchgeführt wird.

Zunächst stelle ich die zentralen Merkmale und Rahmenbedingungen von kollegialer Supervision vor. Darauf aufbauend erläutere ich die einzelnen Phasen und Schritte, in die der kollegiale Supervisionsprozess untergliedert wird, und nenne die Aufgaben sowie Verhaltensregeln für die jeweiligen Rollen, in die sich die Teilnehmer nach gemeinsamer Absprache während einer Sitzung begeben. Zudem gebe ich Empfehlungen für Techniken bzw. Interventionen zur Gestaltung des Supervisionsprozesses und führe aus meiner Sicht wichtiges Hintergrundwissen auf, das im Rahmen der Supervision beachtet werden sollte.

Zum Abschluss dieses Praxiskapitels gehe ich auf mögliche Fehler in der Gestaltung der Supervisionssitzungen ein und diskutiere die Frage, ob ausgebildete externe Supervisoren auch dann noch gebraucht werden, wenn sich kollegiale Supervisionsgruppen erfolgreich etabliert haben.

7.1 Kollegiale Supervision oder Praxisberatung? Begriffsbestimmung, Merkmale und die Rahmenbedingungen

7.1.1 Begriffsbestimmung und Merkmale

Für Supervision ohne einen externen Supervisor werden verschiedene Begriffe verwendet. In der aktuellen Literatur sind für diese Form der Praxisberatung Bezeichnungen wie *kollegiale Supervision, kollegiale Praxisberatung, Intervision, Selbstsupervision, Kollegensupervision oder peer-group supervision* zu finden. Gemeint ist mit allen Begriffen gleichermaßen, dass sich Gruppen ohne externe Fachperson bzw. Supervisor treffen, um ihre berufliche Arbeit zu reflektieren. Ich werde in meinen weiteren Ausführungen den Begriff der *kollegialen Supervision* verwenden, da er mir am eindeutigsten erscheint.

Neben den genannten *Merkmalen*

- *Gruppe* und
- Beratungsarbeit *ohne externen Experten* (Selbststeuerung)

zeichnet sich die kollegiale Supervision durch folgende Charakteristika aus:

- die zusammenkommenden *Personen* sind häufig Kollegen, kommen *aus gleichen Praxisfeldern*, gehören der gleichen Profession an oder arbeiten mit der gleichen Zielgruppe,
- die *Teilnehmer* sind *gleichberechtigt*, ohne formelle Leitung, übernehmen jedoch im Rotationsverfahren alle einmal die Rolle des Moderators, des Beraters/der Beraterin und sind auch bereit in der Rolle des Falleinbringers eigene Anliegen vorzustellen,
- sie sind willens, sich *bei der Bewältigung ihrer beruflichen Anliegen* und Fragen *gegenseitig zu unterstützen* (meist widmen sie sich der Fallarbeit),
- bei der Bearbeitung eines Anliegens wird *ein Teilnehmer von den anderen beraten*,

- für die Gestaltung des Beratungsprozesses nutzen die Teilnehmer eine allen bekannte *festgelegte Struktur* bzw. einen Ablaufplan mit *transparenter Methodologie,*
- alle *Teilnehmer* akzeptieren und *beachten* zuvor gemeinsam festgelegte *Kommunikationsregeln und beteiligen sich aktiv* am Beratungsprozess,
- die Beratungsarbeit ist *ressourcen- und lösungsorientiert* (vgl. Belardi 2005, 90; Schlee 2004, 22; Tietze 2007, 11; Lippmann 2005, 12).

7.1.2 Rahmenbedingungen für kollegiale Supervision

Für das Gelingen von kollegialer Supervision sind bestimmte *Voraussetzungen* zu berücksichtigen:

Die Gruppe der Teilnehmer sollte aus mindestens drei und *nicht mehr als zehn Personen* bestehen. Unter den Teilnehmern sollte *Akzeptanz, Vertrauen und Offenheit* dominieren; *Verschwiegenheit* muss vorausgesetzt werden können.

Alle Teilnehmer sollten über ein *geschultes Kommunikations- und Reflexionsvermögen* und über Gruppen- sowie positive *Supervisionserfahrung* verfügen.

Für die Durchführung der kollegialen Supervision ist ein *ungestörter Ort* bedeutsam und die Möglichkeit zur Visualisierung (siehe Kap. 7.3) hilfreich.

Die Treffen sollten zu *festgelegten Zeiten* vereinbart und über einen klar umrissenen Zeitraum in möglichst *regelmäßigen Abständen* durchgeführt werden. Empfohlen werden anfangs Treffen in ein- bis zweiwöchentlichen, später in drei- bis vierwöchentlichen Abständen (vgl. Belardi 2005, 90-91). Für die Bearbeitung der Anliegen muss *ausreichend Zeit eingeplant* und eine klare Arbeitsatmosphäre eingehalten werden. Schlee (2004) empfiehlt für die Anfangszeit einen Zeitrahmen von zweieinhalb bis drei Zeitstunden, was ich durch meine Praxiserfahrungen bestätigen kann (vgl. S. 73).

Auch wenn die Teilnahme an einer kollegialen Supervisionsgruppe grundsätzlich freiwillig ist, sind die *Verbindlichkeit der Teilnahme und Pünktlichkeit* die Voraussetzungen für das Fortbestehen der Gruppe (vgl. Schlee 2004, 11, 22; Lippmann 2005, 17-18).

Schlussendlich steht bzw. fällt das Gelingen kollegialer Supervisionsgruppen jedoch mit der *Motivation und* dem *Interesse der Teilnehmer* zur Reflexions-/Beratungsarbeit (vgl. Buchinger 1998, 30-31). Zudem ist zu berücksichtigen, dass die eingebrachten *Anliegen* nur befriedigend bearbeitet und geklärt werden können, wenn sie *durch die eigenen Kräfte des Falleinbringers*, wie z.B. durch eine veränderte Sichtweise oder Veränderungen in seinem Verhalten, *beeinflussbar* sind (vgl. Belardi 2005, 82).

7.2 Und wie läuft das nun ab? Phasen kollegialer Supervision

Der Ablauf einer kollegialen Supervision ist, genau wie bei einer Supervision mit einem externen Experten, durch eine klare, nachvollziehbare Struktur geprägt. Durch diese Struktur, bestehend aus aufeinander aufbauenden Phasen, mit einer Vielzahl an Techniken/ Interventionen wird der Beratungsprozess gestaltet bzw. gesteuert. Skizziert man den Ablauf einer kollegialen Supervision modellhaft, sind folgende Phasen von Bedeutung:

- die Anwärmphase,
- die Aushandlungsphase,
- die Fallbearbeitungsphase,
- die Auswertungsphase und
- die Abschiedsphase (vgl. auch Kap. 4.2; Lippmann 2005, 69-70).

Insbesondere in der Aushandlungs-, Fallbearbeitungs- und Auswertungsphase *übernehmen* die *Teilnehmer der kollegialen Supervision* klare, zuvor gemeinsam *vereinbarte Rollen*, an die bestimmte Aufgaben und Verhaltensregeln gebunden sind. Für die Arbeit in den genannten drei Phasen wird immer ein *Moderator* und werden ein oder mehrere *Falleinbringer* sowie *Berater* benötigt. Der gewählte Moderator leitet bzw. moderiert in der Regel während der gesamten Supervisionssitzung die gemeinsame Arbeit. Die Falleinbringer und Berater können die Rollen nach einer Fallbearbeitungsphase wechseln, wenn mehr als ein Fall in einer Sitzung bearbeitet wird. Auf die Verhaltensregeln, die mit den jeweiligen Rollen verknüpft sind, gehe ich in den einzelnen Phasen ein und stelle sie noch einmal in einer Übersicht am Ende dieses Kapitels vor.

7.2.1 Anwärmphase

In der Anwärmphase kommen die Teilnehmer der kollegialen Supervision an dem jeweils vereinbarten Ort zusammen und tauschen meist auf der informellen Ebene Informationen und/oder Befindlichkeiten aus. Diese Zeit ist nicht unbedeutend für die späteren Arbeitsphasen, da sie zur Annäherung, Verständigung und Vertrauensbildung beiträgt und somit die Erlaubnis zum Arbeiten schafft (vgl. Schlee 2004, 82). Je nach Beschaffenheit der Örtlichkeit und bevorzugten bzw. ausgehandelten Rahmenbedingungen wird in der Anwärmphase zudem beispielsweise gemeinsam Tee oder Kaffee gekocht und der Raum gestaltet (Stuhlkreis stellen, Visualisierungsmöglichkeiten schaffen und anderes). Sind alle Teilnehmer angekommen, wird der Moderator dieser Supervisionssitzung sowie der Zeitwächter festgelegt, sofern dies nicht bereits zum Abschluss der letzten Sitzung vereinbart wurde. Bei geübten Teilnehmern von kollegialer Supervision kann der Moderator das Zeitmanagement mit übernehmen. Bei wenig Erfahrung mit dieser Methode empfiehlt es sich jedoch, diese Aufgabe einem anderen Teilnehmer als dem Moderator zu übertragen.

Sind die genannten Vorbereitungen abgeschlossen, kann die eigentliche Arbeit der kollegialen Supervisionsgruppe beginnen, die ab diesem Zeitpunkt in der Regel vom Moderator geleitet wird. Zur Überleitung von der Anwärmphase in die Aushandlungsphase dient der Gruppe mitunter ein gruppenspezifisches Ritual, um somit den Übergang in die Arbeitsatmosphäre einzuläuten. Ein solches Ritual kann beispielsweise ein Blitzlicht sein, eine bioenergetische Übung oder ein gemeinsames Gebet. In dem Blitzlicht könnte z.B. abgefragt werden, was die Teilnehmer derzeit beruflich am meisten beschäftigt, wie es ihnen in ihren Arbeitsbezügen geht oder welche Wirkung die letzte gemeinsame Supervisionssitzung in den Tagen danach gezeigt hat. Empfehlenswert ist in jedem Falle, noch in der Anwärmphase abzufragen, ob es noch etwas von der letzten Supervisionssitzung nachzutragen gibt, ob noch etwas offen geblieben ist bzw. besprochen werden sollte. Nachträge aus der vorherigen Sitzung gleich zu Beginn abzuarbeiten hat den Vorteil, dass alle Teilnehmer danach ihre volle Aufmerksamkeit der Bearbeitung der neuen Anliegen widmen können und nicht untergründig noch mit alten Themen beschäftigt sind (vgl. Rappe-Gieseke 2003, 131; Tietze 2007, 68).

Kommt eine kollegiale Supervisionsgruppe zum ersten Mal zusammen, sollten noch in der Anwärmphase die in Kap. 7.1 genannten Rahmenbedingungen geklärt werden.

Eine besondere Bedeutung hat dabei die *gemeinsame Erarbeitung von Kommunikationsregeln,* die von allen Teilnehmern anerkannt und verbindlich angewendet werden. Damit die Kommunikationsregeln nicht in Vergessenheit geraten, sollten sie für alle sichtbar aufgeschrieben und dann bleibend sichtbar aufgehängt werden. Aus meiner Erfahrung empfiehlt es sich, zu Beginn der nächsten Sitzungen noch einmal auf die Kommunikationsregeln zu verweisen, sie u.U. zu ergänzen und bleibend sichtbar zu machen. Neben den Kommunikationsregeln ist für eine neue kollegiale Supervisionsgruppe das Thema Verschwiegenheit von großer Bedeutung. Noch bevor die eigentliche Fallarbeit beginnt, sollte verbindlich vereinbart werden, dass alle in den Supervisionssitzungen geäußerten Sachverhalte, Meinungen und Gefühle nicht nach außen getragen werden. Die für alle Teilnehmer geltende *Schweigepflicht* kann mittels mündlicher Absprache *vereinbart*, könnte jedoch auch in Form einer durch alle unterschriebene Erklärung dokumentiert werden.

7.2.2 Aushandlungsphase

Zu Beginn der Aushandlungsphase wird vom Moderator abgefragt, was jeder Teilnehmer der kollegialen Supervisionsgruppe an Themen, Anliegen oder Problemen, die bearbeitet werden sollen, mitgebracht hat (vgl. Schlee 2004, 85). Während die einzelnen Teilnehmer ihr mitgebrachtes „Material" vorstellen, sollten die Themen, Anliegen oder Probleme vom Moderator mit einem Stichpunkt oder einer Überschrift auf Kärtchen oder einem Flipchartbogen für alle lesbar festgehalten werden. Die *Anliegen werden* somit *gesammelt* und *zu einer Themenübersicht zusammengestellt* (vgl. Seifert 1994, 90, 110). Je nach Anzahl der Anliegen und der zur Verfügung stehenden Gesamtzeit in der Supervisionssitzung muss für die weitere Bearbeitung der Anliegen meist eine Auswahl getroffen werden, da nicht alle Themen bearbeitet werden können. Wurden von den Teilnehmern insgesamt z.B. nur drei Themen bei einem Zeitrahmen von zweieinhalb bis drei Stunden eingebracht, können selbstverständlich alle Themen bearbeitet werden. Vor der Themenbearbeitung ist jedoch zu *klären*, wie die *Bearbeitungsreihenfolge* sein soll und wie viele Minuten die Bearbeitung der jeweiligen Themen maximal beanspruchen darf. Die *Zeitvergabe für die Themen* kann durchaus variieren, da es Anliegen gibt, die von vornherein komplexer und somit aufwendiger in der Bearbeitung sind. Von Bedeutung ist, dass die Auswahl der Themen sowie die Vergabe der Zeit ein gleichberechtigter Aushandlungsprozess ist, alle Teilnehmer dem Ergebnis zustimmen und sich keiner der Anwesenden benachteiligt fühlt (vgl. Tietze 2007, 68). Teilnehmer, die das Gefühl haben, zurückgesetzt, nicht gehört oder gesehen zu werden, könnten z.B. implizit ihre Mitarbeit verweigern, sich zurücknehmen oder anderweitig den Bearbeitungsprozess stören.

Werden bei der Themensammlung mehr *Anliegen gesammelt, als bearbeitet werden können,* und es *muss eine Auswahl getroffen werden*, ist die „Mehr-Punkt-Abfrage“ (Seifert 1994, 114) eine erfahrungsgemäß unkomplizierte Methode dafür. Bei der „Mehr-Punkt-Abfrage“ erhält jeder Teilnehmer zwei bis drei Punkte, je nachdem, wie viele Themen in der zur Verfügung stehenden Zeit bearbeitet werden können. Die Punkte werden dann von jedem Teilnehmer einzeln, je nach persönlichem Interesse, sichtbar auf die visualisierten Anliegen-Überschriften verteilt, so dass alle Punkte vergeben wurden. Dabei können durchaus alle einem Teilnehmer zur Verfügung stehenden Punkte nur einem Thema zugeordnet oder auf verschiedene Themen verteilt werden. Im Ergebnis zeigt sich in der Regel, welche Themen mit welcher Priorität alle Teilnehmer gleichermaßen interessieren. Gesetzt den Fall, es werden zwei oder drei Themen gleich stark gepunktet, wird mit einer weiteren Punktvergabe, nun mit nur einem Punkt pro Teilnehmer und mit einer anderen Farbe des Punktes erneut versucht zu priorisieren.

Die *Themen, die* in einer Sitzung zwar eingebracht, jedoch *nicht bearbeitet werden können,* sollten in einem sogenannten *Themenspeicher* (vgl. Seifert, 110) festgehalten werden, damit sie in einer der nächsten Supervisionssitzungen berücksichtigt werden können (vgl. Tietze 2007, 69). Der Themenspeicher, vorzugsweise ein Flipchartbogen oder eine Kärtchensammlung, dient der Erinnerung an nicht bearbeitete Themen und muss von Sitzung zu Sitzung aktualisiert werden. Bei der Sammlung der aktuellen Themen zu Beginn einer Supervisionssitzung sollten durch den Moderator die Anliegen aus dem Themenspeicher noch einmal vorgestellt werden. Die Teilnehmer, die jeweils ein noch nicht bearbeitetes Thema eingebracht hatten, müssen entscheiden, ob das Anliegen noch relevant ist und in die aktuelle Themensammlung übertragen werden und mit zur aktuellen Auswahl stehen sollte.

Hat sich die Gruppe entschieden, welche Anliegen, in welcher Reihenfolge, mit welchem Zeitkontingent in der aktuellen Supervisionssitzung bearbeitet werden sollen, beginnt die eigentliche Bearbeitung des ersten Anliegens, die als Fallbearbeitungsphase bezeichnet wird. Fallbearbeitung, da es sich in den kollegialen Supervisionen überwiegend um sogenannte Fälle aus dem Arbeitsalltag der Supervisionsteilnehmer handelt (vgl. Belardi 2005, 90). Als Fall wird eine Interaktion, Transaktion oder Auseinandersetzung mit Adressaten, Kollegen, Kooperationspartnern oder Vorgesetzten im Arbeitsalltag bezeichnet (vgl. Buer 2004, 104). Gemeint sind Situationen oder Ausschnitte aus der beruflichen Tätigkeit der Supervisionsteilnehmer, die mit Hilfe der Supervisionsgruppe reflektiert und für die eine Erweiterung der persönlichen Handlungsoptionen oder auch Lösungsmöglichkeiten erarbeitet werden soll.

7.2.3 Fallbearbeitungsphase

Die Fallbearbeitungsphase wird in *mehrere aufeinander aufbauende Schritte* untergliedert (vgl. Tietze 2007, 74 ff.; Belardi 2005, 93; Lippmann 2005, 70 ff.; Schlee 2004, 86 ff.). Der jeweilige Moderator der kollegialen Supervisionssitzung sollte diese Schritte verinnerlicht oder bei noch ungeübten Supervisionsgruppen als Merkblatt vor sich liegen haben, um eine gründliche Fallbearbeitung steuern zu können. Gerade bei den ersten Moderationserfahrungen im Rahmen von kollegialer Supervision wird aufgrund der Prozessdynamik nicht selten mal ein Schritt übersprungen oder vergessen. Vorausgesetzt die Gruppe kommt dennoch zu einem für den Falleinbringer befriedigenden Ergebnis, sind diese Anfangsfehler zu vernachlässigen und sollten die moderierende Person nicht entmutigen. Das Ziel der Fallbearbeitung und somit der kollegialen Supervision ist, dass der Falleinbringer mit Hilfe der Gruppe zur Reflexion angeregt wird, neue Blickwinkel einnehmen kann, Hintergründe und Zusammenhänge besser versteht, Lösungsvorschläge erfährt, unter Umständen bestärkt wird, Solidarität erfährt und erkennt, dass er mit seinem Problem oder Anliegen nicht allein ist.

Die nachfolgend vorgestellten und erläuterten Schritte sind am Ende dieses Kapitels als komprimierte Übersicht in einem Arbeitsblatt zusammengestellt, das insbesondere weniger erfahrenen kollegialen Supervisionsgruppen als Leitfaden für die Fallbearbeitung dienen soll. Insgesamt habe ich die Fallbearbeitungsphase in folgende *12 Arbeitsschritte* untergliedert, die sich in meiner Praxis als Supervisorin und Anleiterin kollegialer Supervisionsgruppen bewährt haben:

1. Das Anliegen (der Fall/das Problem) wird vom Falleinbringer geschildert.
2. Der Falleinbringer formuliert eine Frage zu seinem Fall an die Gruppe.
3. Verständnis- und Sachfragen zum Fall werden vom Moderator und den Teilnehmern an den Falleinbringer gestellt.
4. Der Moderator gibt eine erste Zusammenfassung der bisher zusammengetragenen Informationen.
5. Die Teilnehmer äußern Gedanken, Gefühle und Assoziationen zum Fall.
6. Der Falleinbringer wird gefragt, wie es ihm mit den Kommentaren geht.
7. Die noch unklar gebliebenen Aspekte des Falls werden geklärt.
8. Verschiedene Positionen und Blickwinkel werden eingenommen.
9. Der Moderator fasst zusammen und fragt den Falleinbringer, was von den bisherigen Anregungen hilfreich war.
10. Der Falleinbringer stellt seine bisherigen Lösungsversuche und -ansätze vor.
11. Lösungsvorschläge, Ideen und Anregungen aus der Gruppe werden gesammelt.
12. Der Moderator fasst die bisherigen Ergebnisse zusammen und fragt den Falleinbringer nach der Brauchbarkeit der Anregungen und seinen nächsten Schritten.

Bei den sich anschließenden Erläuterungen der einzelnen Schritte des Fallbearbeitungsprozesses weise ich jeweils auf die Arbeitsaufgaben des Moderators, der Gruppenteilnehmer sowie des Falleinbringers hin. Spezielle Verhaltensregeln für den Moderator fasse ich am Ende dieses Kapitels noch einmal zusammen.

Schritt 1: Das Anliegen (der Fall/das Problem) wird vom Falleinbringer geschildert:

Zu Beginn der Fallbearbeitungsphase schildert der Teilnehmer, dessen Anliegen bearbeitet werden soll, zunächst sein Anliegen und gibt den anderen Teilnehmern alle aus seiner Sicht wichtigen Informationen dazu. Vorgestellt werden sollte vom Falleinbringer:

- der Zeitpunkt,
- die beteiligten Personen,
- Angaben über den Ort des Geschehens,
- die institutionelle Situation bzw. Interaktionssituation,
- der Ablauf des Ereignisses und
- das Verhalten und Erleben aller Interaktionsbeteiligten.

Bei der Fallschilderung sollte darauf geachtet werden, dass der Falleinbringer möglichst keine Verallgemeinerungen darstellt. Hilfreich ist, den Fall bzw. das Anliegen so konkret wie möglich zu erläutern, damit die anderen Teilnehmer besser verstehen können, worum es geht.

In diesem Schritt der Fallbearbeitung werden von den Teilnehmern noch keine Fragen gestellt, alle Supervisionsteilnehmer hören nur aufmerksam zu. Der Moderator visualisiert bereits an diesem Punkt für alle sichtbar die wichtigsten Stichpunkte der Fallschilderung.

Schritt 2: Der Falleinbringer formuliert eine Frage zu seinem Fall an die Gruppe

Nachdem der Falleinbringer alle seiner Meinung nach wesentlichen Aspekte zu seinem Anliegen vorgestellt hat, sollte er sein Anliegen in einer Frage zuspitzen. Die Frage ist als Arbeitsauftrag für die Gruppe zu sehen und zwingt den Falleinbringer, sein Anliegen zu fokussieren. Bei der Formulierung der Frage wird der Falleinbringer bei Bedarf vom Moderator unterstützt. Häufige Fragen, die ich im Rahmen meiner supervisorischen Arbeit gehört habe, sind z.B.: Wodurch könnte ich eine ähnliche Situation besser gestalten? Was hätte ich anderes machen können? Welche Optionen stehen mir bei einem nächsten Kontakt zur Verfügung? Wodurch kann ich es schaffen mich besser abzugrenzen? Wie schaffe ich es, mich in ähnlichen Situationen besser zu konzentrieren oder zu beherrschen?

Schritt 3: Verständnis- und Sachfragen zum Fall werden vom Moderator und den Teilnehmern an den Falleinbringer gestellt

Zur Ergänzung und Vertiefung der Fallschilderung werden im dritten Schritt der Fallbearbeitung durch den Moderator und die anderen Supervisionsteilnehmer Verständnis- und Sachfragen an den Falleinbringer gestellt. Auf diese Weise wird die Fallschilderung um wichtige Informationen ergänzt.

Der Moderator sollte darauf achten, dass in diesem Schritt noch keine eigenen Erfahrungen der Teilnehmer, noch keine Deutungen oder Lösungsvorschläge geäußert werden. Es geht ausschließlich um das Verstehen des eingebrachten Sachverhalts sowie dessen Kontext.

Schritt 4: Der Moderator gibt eine erste Zusammenfassung der bisher zusammengetragenen Informationen

In einem vierten Schritt fasst der Moderator alle zusammengetragenen und vorzugsweise durch ihn bereits visualisierten Informationen zum Fall mit seinen Worten zusammen. Er paraphrasiert die Schilderungen des Falleinbringers und überprüft somit, ob die Informationen richtig verstanden wurden. Sind die wichtigsten Stichpunkte zum Fall nicht parallel zur Fallschilderung visualisiert worden, sollte der Moderator an diesem Punkt eine für alle sichtbare Zusammenfassung anfertigen.

Schritt 5: Die Teilnehmer äussern Gedanken, Gefühle und Assoziationen zum Fall

Nachdem die Teilnehmer eine Zusammenfassung der Fallschilderung gehört haben, werden sie vom Moderator aufgefordert dem Falleinbringer eine Rückmeldung zu geben. Gefragt sind Gedanken, Bilder, Assoziationen oder Gefühle, die der Fall bei den Teilnehmern ausgelöst hat. Bewertungen sind bei den Rückmeldungen zu vermeiden. Die Kommentare sollten in Form von Ich-Botschaften gegeben, Formulierungen wie „man“, „wir“ oder „es“ hingegen vermieden werden. Zudem sollten an diesem Punkt noch keine Lösungsvorschläge unterbreitet werden. Der Falleinbringer hört nur aufmerksam zu, gibt jedoch keinen Kommentar zu den Rückmeldungen, weder Korrekturen noch Rechtfertigungen oder Ähnliches.

Der Moderator sollte die Beiträge möglichst in Form von Stichpunkten auf Kärtchen festhalten und am Ende dieses Schrittes zusammenfassen.

Schritt 6: Der Falleinbringer wird gefragt, wie es ihm mit den Kommentaren geht

Während die Teilnehmer nacheinander ihre Ideen, Gedanken, Gefühle oder Assoziationen zu der Fallschilderung vorgetragen haben, hat der Falleinbringer, wie bereits genannt, nur zugehört. Das kommentarlose Anhören der Rückmeldungen erfordert vom Falleinbringer meist eine starke Konzentration bzw. Disziplin, da sie bei ihm die verschiedensten Gefühle auslösen können. Je nachdem, wie stark ihn die Rückmeldung berührt, kann er z.B. versucht sein sich zu rechtfertigen oder etwas richtigzustellen bzw. zu ergänzen. In diesem Schritt der Fallbearbeitung wird er vom Moderator gefragt, wie es ihm mit den Kommentaren geht, welche Beiträge ihn besonders angesprochen haben, mit welchen Rückmeldungen er sich am meisten identifizieren kann.

Schritt 7: Die noch unklar gebliebenen Aspekte des Falls werden geklärt

Um den Fall und die damit im Zusammenhang stehenden Aspekte noch besser verstehen zu können, werden von den Teilnehmern sowie dem Moderator weitere den Fall vertiefende Fragen an den Falleinbringer gestellt. Von Interesse ist z.B. das konkrete Verhalten der in den Fall bzw. das Anliegen involvierten Personen, ihre Stellung im Team oder in der Einrichtung. Gefragt werden könnte auch, ob es Bedingungen oder Situationen gab, in denen die Personen nicht auffällig waren bzw. völlig anders reagiert haben, und über welche Ressourcen und Fähigkeiten sie verfügen. Nicht zuletzt können Informationen über den Einfluss des sozialen Umfelds auf die genannten Personen klärend wirken.

Die in den ersten Schritten erstellte visualisierte Zusammenfassung der Fallschilderung sollte durch den Moderator um die wichtigsten Informationen aus diesem Beratungsschritt ergänzt werden.

Schritt 8: Verschiedene Positionen und Blickwinkel werden eingenommen

Eine weitere Vertiefung des Fallgeschehens soll durch die Einnahme verschiedener Positionen der in den Fall involvierten Personen sowie verschiedener Blickwinkel bei der Sicht auf den Fall erreicht werden. Wirkungsvolle Techniken/Verfahren hierzu, die ich im Folgekapitel (7.3) näher erläutere, sind z.B. das Rollenspiel, der Einsatz von Skulpturen oder Systemdarstellungen. Ferner hat sich ein Feedback der Gruppenteilnehmer bewährt, indem sie sich empathisch in die Gedanken- und Gefühlswelt aller möglichen in den Fall involvierten Personen hineinversetzen. Bei diesem Feedback beginnen die Teilnehmer ihren Beitrag mit „Ich als ..." und setzen ihn z.B. fort mit „... habe gefühlt, erwartet, gedacht; empfinde, meine, sehe den Sachverhalt folgendermaßen ...". Die Teilnehmer schildern somit aus der Sicht der ausgewählten Person, was diese zum Fall zu sagen haben oder empfinden könnte. Wichtig ist, dass keine wertenden bzw. abwertenden Deutungen und auch keine Ratschläge von den Gruppenteilnehmern abgegeben werden. Ziel dieser Form der Rückmeldung ist es, einen Zuwachs an Verständnis für die Situation der betroffenen Personen zu erzielen.

Schritt 9: Der Moderator fasst zusammen und fragt den Falleinbringer, was von den bisherigen Anregungen hilfreich für ihn war

Im Anschluss an die Vorstellung der möglichen verschiedenen Positionen sowie das Experimentieren mit unterschiedlichen Blickwinkeln fasst der Moderator wieder die wesentlichsten Aspekte zusammen. Zudem fragt er den Falleinbringer, welche Beiträge ihn überrascht haben, welche ihm evtl. bekannt vorkamen, welche ihn herausgefordert und welche u. U. neue Sichtweisen erzeugt haben sowie welche Beiträge für ihn nicht relevant waren.

Mit dieser sich wiederholenden Form der Abfrage der Befindlichkeit wird überprüft wie die Anregungen aus der Gruppe auf den

Falleinbringer wirken und welche der Anregungen besonders hilfreich für ihn sind.

Schritt 10: Der Falleinbringer stellt seine bisherigen Lösungsversuche und Handlungsstrategien vor

Nachdem der Fall/das Anliegen mehrfach vertieft und von verschiedenen Seiten beleuchtet wurde, stellt der Falleinbringer der Gruppe seine eigenen bisherigen Lösungsversuche, Lösungsansätze oder Handlungsstrategien bezüglich der Fallbearbeitung vor. Er schildert auf Anfrage des Moderators welche Gedanken er sich zur Lösung des Falls bzw. zur Gestaltung der Situation gemacht hat, welche Strategien er geplant oder sich vorstellen kann, welche Handlungsoptionen er z.B. in ähnlichen Situationen für sich sieht und welche Perspektiven für ihn denkbar sind.

Schritt 11: Lösungsvorschläge, Ideen und Anregungen aus der Gruppe werden gesammelt

Während die Teilnehmer der Gruppe im vorherigen Schritt dem Falleinbringer aufmerksam zugehört haben, werden sie in diesem Schritt nach ihren Lösungsvorschlägen gefragt. Sie bringen eigene Erfahrungen (z.B. mit ähnlichen Situationen oder Personen), ihre Ideen und Anregungen zur Lösung des Falls bzw. zur Gestaltung der aktuellen Situation oder künftiger Situationen ein. Gesammelt werden auch Vorschläge für mögliche Handlungsstrategien und Verhaltensoptionen sowie für Methoden und Techniken/Verfahren, die in der Interaktion mit Adressaten, Kollegen oder Kooperationspartnern angewendet werden könnten.

Alle Beiträge werden ohne Bewertung vom Moderator mittels Visualisierung für alle Teilnehmer sichtbar festgehalten.

Schritt 12: Der Moderator fasst die bisherigen Ergebnisse zusammen und fragt den Falleinbringer nach der Brauchbarkeit der Anregungen sowie seinen nächsten Schritten

In diesem letzten Schritt der Fallbearbeitungsphase stellt der Moderator vorerst die im vorherigen Schritt zusammengetragenen Vorschläge noch einmal vor und fragt den Falleinbringer, welche der Anregungen besonders hilfreich für ihn sind. Im Anschluss daran fasst er die gesamte Fallbearbeitung sowie alle bisherigen Ergebnisse noch einmal zusammen. Der Falleinbringer wird erneut befragt, welche Ergebnisse ermutigend sowie weiterführend für ihn sind, was er konkret aus dieser Sitzung mitnimmt, sich ggf. für ähnliche Situationen vornimmt und was seine nächsten Schritte im Zusammenhang mit dem Fall/seinem Anliegen sein werden. Möglich ist auch, konkrete weitere Schritte in Form von „Hausaufgaben" zu vereinbaren, die sich der Falleinbringer auferlegt. Abschließend fragt der Moderator den Falleinbringer, ob die Bearbeitung seines Anliegens an diesem Punkt abgeschlossen werden kann.

In der Regel ist die Fallbearbeitungsphase mit diesem Schritt beendet. In Ausnahmesituationen ist der Falleinbringer jedoch mit dem erzielten Ergebnis nicht zufrieden und wünscht sich die Weiterarbeit an seinem Anliegen (vgl. Lippmann 2005, 189). In diesem Falle ist zu prüfen, ob z.B. der vorgestellte Fall tatsächlich das eigentliche Anliegen des Falleinbringers und die eingangs formulierte Frage der richtige Arbeitsauftrag für die Gruppe war. Denkbar ist in einem solchem Kontext, dass der Falleinbringer aus Scham oder anderen Gründen sein eigentliches Anliegen gar nicht zu erkennen gegeben hat und mit der Gruppe auf „unbedrohlicheren Nebenschauplätzen" agiert hat. Eine andere Möglichkeit wäre, dass der Falleinbringer zu hohe oder unrealistische Erwartungen an das Ergebnis der Fallbearbeitung hatte. Vorausgesetzt die Fallbearbeitung wurde korrekt und gründlich durchgeführt, was meist einen Zeitrahmen von 45 bis 60 Minuten beansprucht, ist es aus meiner Sicht wenig sinnvoll an diesem Fall weiterzuarbeiten. In gegenseitiger Absprache der Teilnehmer der kollegialen Supervision könnte der Falleinbringer ggf. sein Anliegen in einer der Folgesitzungen noch einmal einbringen. Dies muss jedoch mit der Gruppe ausgehandelt werden.

7.2.4 Auswertungsphase

Nachdem die Fallbearbeitung abgeschlossen wurde, rekapituliert der Moderator mit allen Teilnehmern der Gruppe diese zentrale Arbeitsphase der kollegialen Supervision und wertet sie somit aus. Er fasst die einzelnen Schritte und Ergebnisse noch einmal zusammen und bittet alle Gruppenmitglieder um ein Abschlussfeedback zur Fallbearbeitung (vgl. Tietze 2007, 105-108; Lippmann 2005, 190; Schlee 2004, 107-108). Folgende Fragen haben sich in meiner supervisorischen Praxis als Anregung für das Abschlussfeedback bewährt:

- Was nehmen Sie aus der heutigen Supervision für sich persönlich mit?
- Wie ist es Ihnen bei der heutigen Fallbearbeitung ergangen bzw. wie geht es Ihnen jetzt?
- Ist noch etwas offen geblieben, was Sie loswerden möchten?
- Was wünschen Sie sich für künftige Fallbearbeitungen?

Es ist wichtig, dass jeder Teilnehmer seine Meinung und Befindlichkeit mitteilen kann, damit die Fallbearbeitung auch wirklich abgeschlossen ist.

Nachdem jeder Teilnehmer, einschließlich des Moderators ein Feedback gegeben hat, werden in der Regel organisatorische Fragen für die nächsten Sitzungen geklärt. Es sollten die nächsten Termine einschließlich des Zeitrahmens festgelegt oder überprüft werden. Zudem sollte die Moderation (und u.U. der Zeitverantwortliche) für die kommende Sitzung benannt sowie noch andere organisatorische Fragen geklärt werden.

7.2.5 Abschiedsphase

Mit Beendigung der Auswertungsphase sind die eigentlichen Arbeitsphasen der kollegialen Supervision abgeschlossen und der Moderator wird von seinen Aufgaben in dieser Sitzung entbunden. Die sich anschließende Abschiedsphase ist, ebenso wie die Anwärmphase zu Beginn des Supervisionsprozesses, durch den informellen Austausch der Gruppenteilnehmer geprägt. Nicht selten wird diese Zeit des Ausklingens der gemeinsamen, freiwillig gewählten Arbeit genutzt, um miteinander Tee oder Kaffe zu trinken, was eine Art rituellen Charakter hat. Es werden jedoch noch eine Vielzahl anderer Abschiedsrituale von kollegialen Supervisionsgruppen eingesetzt, um den Übergang in den Arbeitsalltag zu gestalten. Im Vordergrund steht, dass sich die Gruppenteilnehmer auf eine Form der Verabschiedung geeinigt haben, damit die kollegialen Arbeitstreffen einen für alle Teilnehmer erkennbaren, befriedigenden Abschluss bekommen.

Einen Überblick über die wesentlichsten Inhalte der fünf Phasen kollegialer Supervision soll die folgende Tabelle geben (vgl. Tab. 1, S. 112 f.). Meine praktischen Erfahrungen in der Anleitung kollegialer Supervisionsgruppen haben gezeigt, dass sich die Tabelle gut als Arbeitsleitfaden für kollegiale Supervisionsgruppen eignet, die noch nicht über viel Erfahrung mit dieser Methode verfügen. Zudem habe ich die wichtigsten Aufgaben und Verhaltensregeln des Moderators, des Falleinbringers sowie der Berater bzw. übrigen Teilnehmer der kollegialen Supervision in einer Übersicht zusammengestellt, damit diese „auf einen Blick" ins Gedächtnis zurückgerufen werden können (vgl. Arbeitsblatt 1, S. 111 und Arbeitsblatt 2, S. 114).

Arbeitsblatt 1

Aufgaben/Verhaltensregeln Falleinbringer

- Der Gruppe das Anliegen/den Fall offenbaren; ehrliche Schilderung,
- Gesprächsleitung durch Moderator respektieren; Wortzuteilung durch Moderator abwarten,
- Vertrauen in die Kompetenz der Gruppe; Arbeitserlaubnis erteilen,
- Fokussieren des Anliegens durch eine Frage,
- konkrete Beantwortung der Verständnis- und Vertiefungsfragen,
- Bereitschaft, anderen Blickwinkel einzunehmen, sich ggf. mit anderen „Wahrheiten" zu konfrontieren,
- zuhören und überprüfen, nicht verteidigen!
- überprüfen, welche Beiträge aus der Gruppe relevant und welche weniger von Bedeutung sind,
- Rückmeldung an die Gruppe geben, was die wichtigsten Ergebnisse der Fallbearbeitung sind und was seine nächsten Schritte in Bezug auf das Anliegen sein werden,
- Dankbarkeit für die Anregungen aus der Gruppe und die Beratung.

Tab. 1: Wichtigste Inhalte der fünf Phasen des kollegialen Supervisonsprozesses

1. Anwärmphase: • Ankommen und informeller Austausch • Raumgestaltung • Festlegung Moderation u. Zeitmanagement • evtl. Ritual wie z.B. Blitzlicht, Übung, Gebet • Fragen/Anmerkungen zur letzten Sitzung	2. Aushandlungsphase • Abfrage u. Sammeln d. mitgebrachten Anliegen/Fälle • Auswahl der Anliegen • Festlegung d. Bearbeitungsreihenfolge u. Zeitverteilung • Anlegen/Aktualisieren d. Themenspeichers
3.1 Fallbearbeitungsphase Anliegen wird vom Falleinbringer (FB) geschildert: • Fall/Anliegen an konkreten Beispiele darstellen • keine Verallgemeinerung • noch kein Nachfragen durch Berater/innen • nur aktives Zuhören	3.2 Fallbearbeitungsphase FB formuliert Frage zum Fall an d. Gruppe • Fall wird somit fokussiert • Gruppe erhält durch Frage Arbeitsauftrag
3.3 Fallbearbeitungsphase Moderator u. Gruppe stellen Verständnis- und Sachfragen zum Fall an FB: • Fallschilderung soll ergänzt werden • noch keine eigenen Erlebnisse/Gefühle usw. • noch keine Deutungen oder Lösungsvorschläge	3.4 Fallbearbeitungsphase Moderator fasst Fallschilderung zusammen: • überprüft, ob richtig verstanden wurde • visualisiert Zusammenfassung
3.5 Fallbearbeitungsphase Blitzlicht durch die Teilnehmer (Tn.): • Gedanken, Gefühle, Assoziationen, die der Bericht ausgelöst hat, werden geäußert • Beiträge in Ich-Botschaften formulieren • keine Bewertungen • noch keine Lösungsvorschläge • Moderator visualisiert und fasst zusammen	3.6 Fallbearbeitungsphase Rückmeldung durch den FB: • FB wird gefragt, wie es ihm mit den Beiträgen der Tn. geht • welche Anregungen ihm besonders wichtig sind

3.7 Fallbearbeitungsphase Noch unklar gebliebene Aspekte des Falls klären: • Schilderung des Verhaltens der in den Fall/das Anliegen involvierten Personen • ihre Stellung im Team/der Einrichtung • Bedingung, unter denen o.g. Personen nicht auffällig waren oder anders reagiert haben • ihre Fähigkeiten und Ressourcen • Einfluss des sozialen Umfeldes auf o.g. Personen • Moderator visualisiert die wichtigsten Beiträge	3.8 Fallbearbeitungsphase Einnahme verschiedener Positionen und Blickwinkel: • durch Einsatz von verschiedenen Techniken/Verfahren • z.B. Rollenspiel, Skulpur, Soziogramm • o. Hineinversetzen der Tn. in die in den Fall involvierten Personen mittels Rückmeldung „Ich als ... habe gefühlt, erwartet, gedacht; empfinde, meine sehe den Sachverhalt folgendermaßen ...“ • keine abwertenden Deutungen • keine Ratschläge
3.9 Fallbearbeitungsphase Moderator fasst zusammen, FB gibt Rückmeldung: • was von den Anregungen hilfreich war • was hat überrascht, was kam bekannt vor • was hat herausgefordert, was evtl. neue Sichtweisen angeregt	3.10 Fallbearbeitungsphase Schilderung bisheriger Lösungsansätze und Perspektiven: • FB stellt seine bisherigen Lösungsversuche und Handlungsstrategien vor • welche Handlungsoptionen und Perspektiven für ihn denkbar sind
3.11 Fallbearbeitungsphase Lösungsvorschläge und Anregungen aus der Gruppe: • Tn. bringen eigene Erfahrungen ein • Vorschläge für Handlungsstrategien zur Gestaltung von Situationen und Interaktionen • Lösungsvorschläge • Moderator visualisiert der Beiträge	3.12 Fallbearbeitungsphase Zusammenfassung aller Ergebnisse: • Moderator fasst Fallbearbeitung und Ergebnisse zusammen • FB wird nach Brauchbarkeit der Anregungen und seinen nächsten Schritten gefragt
4. Auswertungsphase • Moderator rekapituliert mit Tn. Fallbearbeitung • bittet Tn. um Abschlussfeedback; was nehmen Tn. mit? • Wünsche an zukünftige Fallbearbeitungen • weitere Terminabsprache; Zeitrahmen; Festlegung Moderation	5. Abschiedsphase • informeller Austausch • geminsames Abschlussritual, Verabschiedung

Arbeitsblatt 2: Aufgaben und Verhaltensregeln für Moderator, Falleinbringer u. die anderen Teilnehmer/kollegialen Berater

Aufgaben/Verhaltensregeln Moderator	Aufgaben/Verhaltensregeln Berater
• Gesprächsleitung/Moderation, • Steuerung des Supervisionsprozesses: einzelne Phasen und Schritte beachten, • den Falleinbringer stützen, u.U. bei der Formulierung der Frage zum Anliegen helfen, • aktiv zuhören, • Respekt vor der Perspektive des Falleinbringers, • Wortmeldungen zuteilen, • stille Gesprächsteilnehmer aktivieren, Vielredner wertschätzend bremsen, • für Visualisierung und Konkretisierung sorgen, • explorierende, positiv verstörende Fragen stellen, • gute Verständigung der Teilnehmer sicherstellen (kontrollierter Dialog), • zum Thema zurückführen, den „roten Faden“ nicht aus den Augen verlieren, • das Wesentliche herausarbeiten, fokussieren und Zwischenergebnisse festhalten, • Meinungs- und Interessenunterschiede offenlegen, • Orientierung am Anliegen des Falleinbringers, • Gefühle und Empfindungen ansprechen, • Zurückhaltung hinsichtlich eigener Beiträge u. Meinungen, • Zeitmanagement überwachen, • Ergebnisse sichern, • auf positive Konnotation achten, • für klare Vereinbarungen sorgen, • Wertschätzung des Falleinbringers.	• Bereitschaft zur Unterstützung des Falleinbringers, zum Erfassen und Verstehen des Anliegens, • aktive Mitarbeit im Beratungsprozess, • Gesprächsleitung durch Moderator respektieren: Wortbeiträge anzeigen, Wortzuteilung durch Moderator abwarten, • aktiv zuhören, • Respekt vor der Perspektive des Falleinbringers, • konkret nachfragen, • Gedanken, Impulse u. Assoziationen zum Fall einbringen, • sich gefühlsmäßig in die in den Fall involvierten Personen hineinversetzen, • Bereitschaft, verschiedene Positionen einzunehmen, • Ideen, Vorschläge zur Lösung des Anliegens einbringen: Lösungen konstruieren, statt Probleme zu analysieren, • Verantwortung für sich selbst u. das eigene Handeln übernehmen, • Ich-Botschaften geben, • beschreiben, statt bewerten, • konkrete, angemessene, brauchbare Beiträge einbringen, • Wertschätzung des Falleinbringers.

7.3 Aber wie sollen wir das allein hinbekommen?

Hilfreiche Techniken und Interventionen zur Gestaltung des Prozesses in der kollegialen Supervision

Zur Gestaltung eines Supervisionsprozesses werden verschiedenste Verfahren (Techniken bzw. Interventionen) eingesetzt. Die Begriffe Methode, Verfahren, Technik und Intervention werden meist synonym füreinander verwendet, es gibt jedoch Unterschiede in ihrer Bedeutung, auf die ich zur Klärung noch einmal kurz eingehen werde (vgl. Kap. 3.1).

Geißler/Hege (2007) stellen in ihrer Begriffsbestimmung *Methoden* als einen *systematisierten Komplex von Vorgehensweisen* dar (vgl. S. 21-25). Methoden seien als Teilaspekte von Konzepten zu verstehen (vgl. ebd. S. 20-21). *Verfahren* (auch als Techniken oder Interventionen bezeichnet) hingegen sind *Einzelelemente von Methoden. Verfahren und Methoden unterscheiden sich nach dem Grad ihrer Komplexität* (vgl. ebd. S. 25).

Eine genaue Abgrenzung der in der Supervision eingesetzten Verfahren ist nicht mein Anspruch. Vielmehr möchte ich Vorgehensweisen beschreiben, die in der kollegialen Supervision zur Anwendung kommen können, ohne dass die Teilnehmer über besondere beraterische oder therapeutische Zusatzqualifikationen verfügen müssen.

Im Folgenden stelle ich eine Auswahl an Verfahren (Techniken/Interventionen) vor, die ich in Kap. 7.2 zum Teil bereits genannt habe und die aus meiner Erfahrung am häufigsten in kollegialen Supervisionssitzungen verwendet werden. Welche der Verfahren von den Gruppen verwendet werden, hängt von dem jeweiligen Erfahrungshintergrund der Gruppenteilnehmer ab. Ohne Anspruch auf Vollständigkeit aller in der kollegialen Supervision einsetzbarer Verfahren stelle ich folgende Gestaltungselemente für den kollegialen Beratungsprozess im Rahmen einer Gruppe näher vor:

- Kommunikationsregeln,
- Grundlagen der Moderation,
- Aktives Zuhören (Paraphrasieren, Verbalisierung emotionaler Erlebnisinhalte),
- Rapport herstellen (Spiegeln),
- Feedback geben und nehmen,
- Fragen, Visualisieren, freies Assoziieren,

- Rollenspiel,
- Skulpturen,
- Systemdarstellungen,
- Reframing,
- Wertschätzendes Konnotieren,
- Blitzlicht,
- Stimmungsbarometer.

Einigung auf Kommunikationsregeln

Zu Beginn der kollegialen Beratungsarbeit in einer Gruppe ist es, wie bereits angeführt, von großer Bedeutung, dass sich alle Teilnehmer auf gemeinsam festgelegte Regeln für ihre künftige Kommunikation einigen (vgl. Bachmair u.a. 1989, 155-160). Diese *Regeln sollten visualisiert und für alle sichtbar aufgehängt werden*, damit der jeweilige Moderator bei Regelverstößen darauf verweisen kann. *Mögliche Kommunikationsregeln* könnten ohne Anspruch auf Vollständigkeit sein:

- Sich offen, authentisch und kongruent verhalten,
- Verschwiegenheit gewährleisten,
- Akzeptanz, Respekt und Wertschätzung den anderen Teilnehmern gegenüber zeigen,
- aktiv und geduldig zuhören,
- die anderen Teilnehmer ausreden lassen (nicht dazwischenreden),
- eigene Beiträge anmelden,
- Ich-Botschaften senden,
- Verantwortung für eigenes Handeln übernehmen,
- Gefühle/Wünsche statt Anklagen mitteilen,
- beschreiben, statt bewerten,
- keine Entwertungen, keine Abwertungen!
- Interesse zeigen,
- Beiträge der anderen Teilnehmer ernst nehmen,
- Fragen, Nachfragen,
- Rückmeldungen geben.

Von Bedeutung ist, dass alle Teilnehmer der Gruppe die ihnen wichtigen Regeln einbringen konnten und der entstandene Regelkatalog von allen akzeptiert wird.

Grundlagen der Moderation berücksichtigen (vgl. Dauscher 1996; Doppler/Lauterburg 1995; Maass/Ritschl 1997; Richter 1996)

Die für die kollegiale Supervision wesentlichsten Aufgaben und Grundhaltungen eines Moderators habe ich in Kapitel 7.2 bereits genannt. An dieser Stelle gehe ich auf grundsätzliche Aspekte der Moderation ein, die noch nicht benannt wurden, für das Grundverständnis im kollegialen Prozess der Supervision jedoch von Interesse sind.

Moderation wozu: Eine Moderation im Rahmen der kollegialen Supervision ist nötig, *um die Gruppenteilnehmer bei der Gesprächsführung und Sitzungsgestaltung sowie dem Problemlösungs- und Entscheidungsfindungsprozess zu unterstützen.*

Zu den wichtigsten *Grundhaltungen eines Moderators* gehört:

- *Unterstützung des Prozesses*, keine Fertigprodukte,
- *Anerkennung der Fachkompetenz der Gruppe* sowie der Selbstständigkeit der Teilnehmer,
- *Anerkennung eines ganzheitlichen Menschenbildes*, d.h., der Mensch wird nicht nur als Wissensträger gesehen, sondern auch als Wesen mit Gefühlen und Bedürfnissen,
- *Konsensorientierung* und Orientierung am Anliegen des Falleinbringers,
- *Selbstreflexivität, Akzeptanz, Kongruenz und Empathie.*

Die *Rolle des Moderators* im kollegialen Beratungsprozess ist die eines *aktiven Dienstleisters für die Gesamtgruppe,* eines Verantwortlichen für sinnvolle und effiziente Arbeitsmethodik und eines Unterstützers der Verständigung und Zusammenarbeit. Der Moderator hat *nicht die Rolle* eines Teamsprechers, eines Fachreferenten oder Oberlehrers, eines sanktionsberechtigten Schiedsrichters, unbeteiligten Zuschauers oder außen stehenden Beobachters.

Für das *Verhalten des Moderators* sind folgende Aspekte von Bedeutung:

- möglichst kein inhaltliches Einmischen,
- *Fragen statt sagen* – inhaltliche Beiträge sollen mittels gezielter Fragen des Moderators von den Teilnehmern eingebracht werden,
- keine Wertungen, *Neutralität*, Vorsicht beim Loben einzelner Teilnehmer,

- *mit der Gruppe gehen*, d.h., der Moderator ist zwar der Steuermann, die Gruppe allerdings der Kapitän,
- *keine Rechtfertigungen*, da sonst die Gefahr von Machtkämpfen besteht,
- in der Kommunikation *„ich" statt „man"* verwenden, ein klares Selbstbild sowie eine klare Position zeigen und als Vorbild wirken,
- *Störungen* als Symptom für Bedürfnisse in der Gruppe den Vorrang geben, sie analysieren und gemeinsam *bearbeiten*,
- *Flexibilität* zeigen und situativ handeln.

Zu den *Aufgaben eines Moderators* im Rahmen der kollegialen Supervision gehört neben den (in Kapitel 7.2) genannten Punkten Folgendes: Der Moderator sollte

- ein *Klima der Offenheit* und des Vertrauens *schaffen,*
- die Kommunikation und den *Dialog steuern und fördern,*
- die *Hilfe zur Selbsthilfe* befördern,
- die Gesamtgruppe als „Auftraggeber" betrachten und
- sich selbst nicht unnötig unter Leistungsdruck setzen, d.h., die *Verantwortung für die Ergebnisse der Veranstaltung bei den Teilnehmern lassen.*

Die Vielzahl der aufgeführten Anregungen für den Moderator macht deutlich, dass dem Teilnehmer, der in der kollegialen Supervision die Rolle des Moderators übernimmt, eine große Verantwortung übertragen wird. Nicht zuletzt aus diesem Grunde ist es empfehlenswert, dass alle Teilnehmer der Gruppe einmal bzw. im Rotationsverfahren immer wieder einmal diese Rolle übernehmen. Zum Einen übt jeder Teilnehmer somit die Moderation, zum Anderen kann sich jeder in die Situation des jeweils fungierenden Moderators hineinversetzen.

Aktives Zuhören (Paraphrasieren, Verbalisierung emotionaler Erlebnisinhalte) (vgl. Weisbach 2003, 52-65; Schlee 2004, 135-138; Thomann/Schulz v. Thun 1993, 78-80)

Grundlage des aktiven Zuhörens ist das *Zuhören!* Man kann nicht zuhören, wenn man redet.

Aktives Zuhören bedeutet, zu versuchen *sich in die andere Person hineinzuversetzen*, zu erfassen, was der andere tatsächlich meint, und sich nicht auf Schlagworte oder Äußerlichkeiten zu konzentrieren.

Beim aktiven Zuhören sollte man versuchen, die Gefühlslage des anderen nachzuempfinden und bewusst eigene *Wertungen, Interpretationen, Ratschläge* oder andere spontane Reaktionen eine gewisse Zeit *zurückzuhalten.*

Dem Sender sollte durch *nonverbale Bestätigungen* deutlich gezeigt werden, dass man aufmerksam zuhört, mit ihm fühlt und denkt.

Aktives Zuhören bedeutet auch, dass man *mit den eigenen Worten zusammenfasst, was man verstanden hat* bzw. wiederholt, was vom Sender ausgedrückt wurde. Diese Intervention wird auch als *Paraphrasieren* bezeichnet (vgl. Bachmair u.a. 1989, 33-34; Birkenbihl 1994, 178).

Beim aktiven Zuhören sollte ggf. auch die Verfassung des anderen direkt angesprochen werden. Der Zuhörer sollte auf *verbalisierte und nonverbal zum Ausdruck gebrachte Gefühle* eingehen, indem er sie *anspricht*, was auch als *Verbalisierung emotionaler Erlebnisinhalte* (vgl. ebd. S. 34-35) bezeichnet wird. Durch das Verbalisieren emotionaler Erlebnisinhalte wird der Gesprächspartner mit seinen zum Ausdruck gebrachten Gefühlen konfrontiert und kann sie somit besser erkennen und sich mit ihnen auseinandersetzen. Bei einer Konfrontation mit Gefühlen muss jedoch darauf geachtet werden, dass die *Rückmeldung sehr wertschätzend und einfühlsam* erfolgt und der aktive Zuhörer nicht seine Interpretationen äußert.

Charakteristisch für das aktive Zuhören ist neben dem Zuhören, dass offene Fragen gestellt werden, die den Sender zum weiteren Nachdenken anregen. *Pausen im Sprechen und Zeiten des Nachdenkens beim Sender sollten toleriert werden.*

Rapport herstellen (Spiegeln)

Für alle Beratungssituationen ist es von grundlegender Bedeutung, dass der Berater mit dem Ratsuchenden *in Kontakt kommt* und eine tragfähige Arbeitsbeziehung aufbaut. Kann ein Berater einen guten Kontakt herstellen, so dass der Ratsuchende Vertrauen hat und sich öffnet, ist auch viel Erlaubnis für die gemeinsame Beratungsarbeit gegeben. Ist es dem Berater gelungen, *sich sowohl sprachlich als auch körpersprachlich intensiv auf den Ratsuchenden einzustellen*, sich auf ihn einzulassen, dann ist er mit ihm in Rapport. In Rapport mit einem anderen Menschen zu sein heißt, *mit ihm zu schwingen* oder auf der gleichen „Wellenlänge" zu sein (Schmidt-Tanger/Kreische 1994, 38). Dieser Zustand wird in Beratungskontexten angestrebt, ist jedoch auch in anderen Zusammenhängen zu beobachten. Sind beispielsweise zwei Menschen liebend miteinander verbunden, dann sind sie meist in Rapport oder betrachtet man eine Mutter mit ihrem Säugling (eine gesunde Mutter-Kind-Beziehung vorausgesetzt), wird man ebenfalls erkennen können, dass Mutter und Kind in Rapport sind.

Um mit einer anderen Person in Rapport zu kommen, muss man sich der *Körperhaltung,* dem *Tonfall*, der *Stimme* und der *Gestik der anderen Person anpassen.* Diese Anpassung wird auch als körpersprachliches *Spiegeln* bezeichnet (vgl. Bachmair u.a. 1989, 35-37). Zu beachten ist beim Spiegeln, dass man sich behutsam angleicht und seinen Gesprächspartner nicht nachäfft bzw. stupide kopiert (vgl. Kraft 1998, 51-52).

Feedback geben und nehmen

„Feedback ist eine *Rückmeldung, die dir anzeigt, wie andere etwas wahrgenommen haben.* Es sind Geschenke – und wie bei allen Geschenken entscheidest du, was du davon annehmen und behalten möchtest" (Maaß & Ritschl 1997, 51).

Ein Feedback *zeigt auf, was beim anderen Menschen bewirkt wurde.* Durch diese Rückmeldung kann überprüft werden, ob das auch bewirkt werden sollte. Immer wenn ein Feedback gegeben wird, kann daraus gelernt und können Anregungen für neue Verhaltensweisen entnommen werden (vgl. auch Bachmair u.a. 1989, 165-166).

Regeln für den Feedback-Geber:

- Klarheit über das Ziel des Feedbacks,
- *Feedback möglichst zeitnah* geben und im richtigen Kontext (Nützlichkeit, Brauchbarkeit),
- *Kontakt und Nähe* zum Feedback-Nehmer *herstellen,*
- *Person und Verhalten trennen,*
- es geht um beobachtbare, feststellbare Ereignisse u. Verhaltensweisen, *Verallgemeinerungen* (immer, nie u.a.) sind zu *vermeiden* (Lippmann 2005, 62),

- Verhaltensweise oder Äußerung *ausführlich, möglichst konkret*, jedoch nicht verletzend ansprechen,
- ansprechen, was es ausgelöst hat *(Ich-Botschaften)*, dass es sich um persönliche Gefühle oder Meinungen handelt und nicht um etwas „objektiv Richtiges“ (Belardi 2005, 79),
- *beschreiben, nicht bewerten oder interpretieren,*
- Alternativen, Wünsche, Möglichkeiten und Verbesserungen *ansprechen,*
- das Feedback sollte *kurz, neutral und freundlich* sein, umso größer ist seine Wirkung.

Regeln für den Feedback-Nehmer:

- ruhig *zuhören*, nicht gleich ins Wort fallen, *nicht rechtfertigen* oder verteidigen,
- das Gehörte überprüfen und *ggf. Verständnisfragen stellen,*
- überdenken, was davon angenommen werden kann und soll,
- *mitteilen, was das Feedback bewirkt hat,*
- *Dankbarkeit* für die Rückmeldung und die Anregungen.

Fragen

Fragen haben in der Beratung bzw. Supervision eine vordergründige Bedeutung. Neben dem aktiven Zuhören ist das *Fragen* m.E. die *zentrale Intervention für die Prozessgestaltung. Durch Fragen* werden nicht nur *Informationen gewonnen*, es wird ebenso *Interesse* am Gesprächspartner *bekundet* und er wird *zum Nachdenken angeregt* sowie aktiviert, der Dialog wird aufrechterhalten, dem *Gespräch* wird eine *Richtung gegeben*, durch Fragen können aber auch *Fakten von Meinungen getrennt* und *Missverständnisse ausgeräumt* werden (vgl. Tietze 2007, 167). Von Schlippe und Schweitzer (1996) sind der Ansicht, dass durch das scheinbar harmlose Fragen immer *auch Informationen geschaffen* werden, da in jeder Frage auch eine Aussage steckt und somit implizit Botschaften übermittelt werden (vgl. S. 137). Eine gut formulierte Frage kann *„für den Befragten eine Intervention in Richtung Lösungsfindung“* (Lippmann 2005, 112) sein. Dies bestätigen Reichel und Rabenstein (2001), sie sehen Fragen sowohl als Diagnoseinstrument (Informationsgewinnung beim Fragenden), als auch als Interventionsinstrument (Informationserzeugung beim Befragten) an (vgl. S. 98). Insbesondere *in der Arbeit mit Gruppen* kann durch Fragen das vorhandene *Wissen der Gruppenteilnehmer einbezogen* und der *Austausch von Erfahrungen angeregt* werden. Ferner kann man durch gezieltes Fragen eine *Problemsituation beschreiben, Hypothesen bilden sowie Lösungen erarbeiten* lassen, *Meinungen und Einstellungen erfragen*, das *Verstehen überprüfen* und nicht zuletzt eine *Situation evaluieren* (vgl. Reichel/Rabenstein 2001, 98).

Geschlossene Fragen können nur mit einem Ja oder Nein beantwortet werden und sollten nur zur Einholung von Informationen bzw. Abklärung klar umrissener Sachverhalte eingesetzt werden (vgl. Birkenbihl 1994, 179). *Hilfreiche Fragen sind offene Fragen*, die nicht nur mit einem Ja oder Nein zu beantworten sind, sondern Denk- und Suchprozesse auslösen. Die sogenannten Info- oder W-Fragen sind offene Fragen, z. B. wer, was, wann, wo/wohin, wie, wem/wen, wessen, welche, wie viel, inwiefern, woran (vgl. Lippmann 2005, 113). Neben der Offenheit zeichnen sich *gute Fragen* dadurch aus, dass sie

- *genau umrissen* sind und nur eine Idee enthalten,
- *verständlich* sind,
- eine *Antwort nicht vorwegnehmen*,
- eine *differenzierte Beantwortung ermöglichen,*
- *„verschiedene Perspektiven eröffnen* und dadurch andere Sichtweisen erleichtern" (ebd.),
- *Denkgewohnheiten aufbrechen* und somit die Lösungsrichtung verändern (vgl. Tietze 2007, 167),
- gern sowie mit Gewinn beantwortet werden.

Für einen anregenden und *offenen Dialog eher hinderlich sind*, wie bereits erwähnt, *geschlossene Fragen, aber auch* z.B.

- *rhetorische Fragen* (sie beantworten sich von allein und sind gar keine ernst gemeinten Fragen),
- *Suggestivfragen* (die eigene Meinung steckt i.d. Frage und soll den Gesprächspartner beeinflussen),
- *Alternativfragen* (für die Beantwortung werden nur zwei Alternativen vorgegeben) oder
- *Gegenfragen* (die gestellte Frage wird mit einer Gegenfrage und somit nicht beantwortet).

Das gekonnte und effektive *Fragenstellen* wird nicht ohne Grund als *beraterische Kunst* bezeichnet (vgl. Bachmair u.a. 1989, 38). Fragen als Kunst aus folgendem Grund: Es geht darum, mit viel Fingerspitzengefühl oder/und Übung eine gute Frage in einem angemessenen Kontext zum richtigen Zeitpunkt zu stellen. Dabei darf sich der Gesprächspartner nicht ausgefragt oder grundlos provoziert fühlen, sondern sollte erkennen, welchen Sinn die Frage ergibt und welchen Gewinn er aus der Beantwortung ziehen kann. Gerade von ungeübten Beratern bzw. Teilnehmern kollegialer Supervision wird in der professionellen Reflexion häufig beklagt, dass sie nicht mehr gewusst hätten, was sie noch fragen könnten, um den Reflexionsprozess des Ratsuchenden bzw. Falleinbringers weiter voranzubringen. Hilfreiche Beratungsarbeit und somit auch *gekonntes Fragen kann* m.E. neben der Aneignung theoretischer Grundlagen *nur durch viel Übung erlernt werden*. Das Lernen in Gruppen, so wie bspw. in kollegialen Supervisionsgruppen, ist ein gut geeigneter Ort, um die beraterischen Fähigkeiten zu erweitern. In der Gruppenarbeit können immer die Ideen und Anregungen der anderen Teilnehmer genutzt werden und für den Prozess bereichernd sein.

Visualisieren

Neben dem aktiven Zuhören und dem hilfreichen Fragen ist das Visualisieren in der Beratung und Supervision ein wichtiges Verfahren, um Sachverhalte und Zusammenhänge zu verdeutlichen. Visualisierung bedeutet *das dauerhafte Sichtbarmachen bzw. „bildhafte Darstellen“* (Seifert 1994, 14) *von Gesprächsbeiträgen, Ideen, Gefühlen und Prozessen,* da der überwiegende Teil der Informationen im Rahmen beruflicher und privater Kommunikation nicht über das Ohr sondern über das Auge wahrgenommen wird. Je komplexer der Sachverhalt und je größer die Gruppe, desto hilfreicher ist Visualisierung.

Der *Vorteil,* wenn der Berater oder Moderator die wichtigsten Aspekte zu einem Thema oder die Anliegen, individuellen Vorschläge und Meinungen für jedermann sichtbar mitschreibt, liegt darin, dass:

- die *Beiträge nicht verloren gehen* bzw. vergessen werden,
- heterogene *Informationen* und Aussagen *leichter zu verstehen* sind (Fehlinterpretationen werden vermindert),

- die Betrachter einbezogen werden,
- *Informationen auf den Punkt gebracht* und leichter erfasst werden können,
- der *Redeaufwand verkürzt* werden kann,
- die *Visualisierungsstelle* (z.B. Pinnwand, Flipchart o.a.) zum gemeinsamen *Fokus der Aufmerksamkeit* wird,
- *das Wesentliche verdeutlicht* wird,
- das Behalten gefördert wird,
- die Diskussion auf die Sachargumente reduziert wird,
- der *Diskussionsstand zu jedem Zeitpunkt offensichtlich* und der Prozess der Diskussion nachvollziehbar ist,
- die *Anonymität von Aussagen gefördert* wird, so dass Konflikt- und Tabubereiche leichter vorgebracht werden können,
- die Beteiligung aller an der Diskussion verbessert und somit
- die *Identifikation mit Inhalten* und getroffenen Entscheidungen erreicht wird (vgl. Seifert ebd.).

Um die Vorteile und Effekte, die mit der Visualisierung erreicht werden sollen, auch zu erzielen, sollten folgende *Regeln* beachtet werden. Es sollte *unmittelbar visualisiert* werden, die *nützlichste Form der Visualisierung gewählt* und auf der Grundlage von Schlussfolgerungen und verständlichen Prinzipien *strukturiert* werden.

Für die visuelle Darstellung können neben Text auch die Gestaltungselemente freie Grafik und Symbole sowie Diagramme verwendet werden (vgl. ebd. S. 22-39). Der Einsatz von Genogrammen und Systemzeichnungen ist insbesondere in der systemisch orientierten Beratung und Therapie zu finden (vgl. v. Schlippe/Schweitzer 1996, 130-134). Zudem werden für das Sichtbarmachen von Gefühlen, Sichtweisen, Einstellungen und Konstellationen/Verhältnissen menschlichen Miteinanders Skulpturen, Soziogramme und symbolische Darstellungen, Bilder, Fotografien und anderes genutzt (vgl. ebd. S. 164-169). Auf die genannten Visualisierungsmöglichkeiten gehe ich im Folgenden nur zum Teil ein, da sie im Kontext dieses Kapitels nicht gleichermaßen relevant sind.

Von zentralem Interesse im Rahmen der kollegialen Supervision ist die *Verwendung von Text*. Werden Informationen schriftlich festgehalten, ist *auf Folgendes zu achten* (vgl. Seiffert 1994, 23):

1. gute Lesbarkeit – groß, fett und möglichst in Druckschrift geschrieben,
2. Einfachheit – geläufige Wörter, Stichpunkte oder kurze Sätze verwenden,
3. Kürze/Prägnanz – Aussagen auf das Wesentliche beschränken,
4. Gliederung/Struktur – Überschriften und Farben einsetzen.

Werden die wesentlichsten Informationen nicht auf einem Flipchartbogen, auf Packpapier an der Pinnwand oder einer Folie festgehalten, sondern auf *Moderationskärtchen*, sind folgende *Regeln* sinnvoll und hilfreich:

1. auf jede Karte nur ein Gedanke,
2. nicht mehr als drei Zeilen pro Karte,
3. Karten mit dicken Filzstiften beschreiben,
4. große Druckbuchstaben verwenden.

Für die Visualisierung im Rahmen von Beratung, Supervision oder der Arbeit mit Gruppen in anderen Zusammenhängen sind folgende *Materialien und Hilfsmittel* hilfreich:

- Beamer und Laptop,
- Overheadprojektor und Folien dafür,
- Tafel und Kreide,
- *Moderatorenkoffer,*
- *Pinnwand und Packpapier sowie Stecknadeln,*
- Magneten,
- *Flipchartständer und Flipchartpapier,*
- *verschieden große und farbige Kärtchen,*
- *verschieden große und farbige dicke Filzstifte,*
- Klebepunkte, -pfeile oder andere Symbole,
- Tesakreppband,
- Scheren,
- Klebestifte,
- Bleistifte und Zeichenkarton,
- Wachsmalstifte,
- Plakatfarbe und Pinsel,
- verschiedene „Visualisierungsgegenstände“ wie z.B.: * Klötze und Knöpfe, * Stricke, Wollfäden u.Ä., * Bilder, Fotografien, Zeitungs- u. Zeitschriftenmaterial, Zeigestock o.a.

Die aufgeführten Materialien und Hilfsmittel sollen einen Einblick in die verschiedenen Möglichkeiten zur Anfertigung von Visualisierungsmaterial geben. *Für* eine *kollegiale Supervision* müssen selbstverständlich nicht alle aufgeführten Materialien zur Verfügung stehen. *Erfahrungsgemäß* werden *Flipchartständer, Flipchartpapier* und verschiedenfarbige *dicke Filzstifte, Pinnwand, Packpapier* und *Stecknadeln* sowie verschiedenfarbige *Moderationskärtchen* und dicke schwarze Filzstifte *am häufigsten verwendet.*

Freies Assoziieren

Die Aufforderung zum freien Assoziieren ist eine Intervention, die aus der von Sigmund Freud zu Beginn des vergangenen Jahrhunderts entwickelten Psychoanalyse hervorgeht (vgl. Kächele 1993, 251-252). Beim freien Assoziieren sollen die angesprochenen Personen *alles, was ihnen gerade durch den Kopf geht, spontan äußern.* „Das meint die Fähigkeit, *Gedanken und Fantasien zuzulassen, die eher aus dem Vor- oder Unbewussten kommen*, die ‚Vernunft' zu reduzieren" (Belardi 2005, 82). Durch die Aufforderung zu spontanen Äußerungen wird versucht die Vernunft, die Gedanken und Gefühle zensiert und nur gefiltert nach außen dringen lässt, zu umgehen. In der Supervision, so auch in der kollegialen Supervision, wird die Aufforderung zum freien Assoziieren an alle Teilnehmer gerichtet, um dem Falleinbringer eine Rückmeldung zu seinem eingebrachten Fall bzw. Anliegen zu geben bzw. *um die Ideen, Gedanken sowie Gefühle der Teilnehmer mit einzubeziehen und für die Fallbearbeitung nutzbar zu machen.* In der Regel werden die Assoziationen der Gruppenteilnehmer im fünften Schritt der Fallbearbeitungsphase abgefragt (siehe Kap. 7.2). Das freie Assoziieren kann jedoch auch an anderen Stellen des Supervisionsprozesses hilfreich sein. Bedeutsam ist, dass die geäußerten Beiträge der Gruppenteilnehmer nicht bewertet, sondern als wertvolle Anregungen angenommen werden.

Rollenspiel

Das Rollenspiel ist eine *Methode zur Demonstration und Aufarbeitung sozialer Situationen,* mit deren Hilfe Handlungen und Gefühle erlebt bzw. nachempfunden werden können (vgl. Bachmair u.a. 1989, 166).

Lippmann (2005) sieht das Rollenspiel als die geeignetste Methode, um die Ressourcen einer Gruppe zu nutzen und die „Realsituation des Falleinbringers zu veranschaulichen“ (S. 155). Das Rollenspiel wird in der Supervision mit Supervisor sowie in der kollegialen Supervision mit dem *Ziel* eingesetzt:

- sich *in die* in das Anliegen bzw. den Fall *involvierten Personen hineinversetzen* zu können,
- verschiedene *Verhaltensweisen* (besonders des Falleinbringers) mit Blick auf ihre *Wirkung erleben zu können,*
- typische Schlüsselreize und *Interaktionsmuster herauszuarbeiten,*
- *neue Handlungsalternativen ausprobieren* und einüben zu können und beim Tun herauszufinden, was insbesondere für den Falleinbringer ein optimales Verhalten in der jeweiligen Situation sein könnte (vgl. Lippmann ebd. S. 156; Buer 2004, 107-108).

Bei der Anwendung von *Rollenspielen* sind *vier Phasen* von Bedeutung: die *Vorbereitungsphase, die Durchführungsphase, die Auswertungsphase und die Entlassung aus den Rollen.*

In der *Vorbreitungsphase* wird die zu spielende Situation ausgewählt und vom Falleinbringer erörtert, worum es ihm bei dem folgenden Rollenspiel geht. Die Rollenspieler bekommen somit Hinweise, worauf sie achten sollten. Im Anschluss daran werden die Rollenspieler ausgewählt und durch den Falleinbringer in ihre Rollen eingeführt (welche Person soll gespielt werden und welches sind die wichtigsten Informationen dazu). Die restlichen Teilnehmer der Gruppe sollten sich auf Beobachtungskriterien und ggf. verschiedene Foki der Beobachtung einigen wie z.B. Sprache, Interaktionsmuster, Konfliktlösungsstrategien (vgl. Lippmann ebd.; vgl. auch Bachmair u.a. 1989, 167).

In der *Durchführungsphase* wird die ausgewählte Situation bzw. Interaktion durch die Rollenspieler gespielt. Der Falleinbringer kann sich oder sein Gegenüber in seiner damaligen Situation selbst spielen oder von einem anderen Teilnehmer spielen lassen und nur beobachten. Beachtet werden sollte, dass die beobachtenden Teilnehmer der Gruppe die Rollenspieler aus einer ausreichenden Distanz gut beobachten können und durch keinerlei Äußerungen (weder verbal noch nonverbal) das Spielgeschehen beeinflussen. Meist reichen Spielsequenzen von „etwa zehn Minuten aus, um aussagekräftige

Analysen des Interaktions- und Kommunikationsprozesses anstellen zu können" (Lippmann, 157). Wird die Spielsequenz nicht durch den Abschluss der Interaktion ohnehin beendet, bricht der Moderator das Rollenspiel nach einer vereinbarten Zeit ab, um in die Auswertungsphase überzuleiten.

In der *Auswertungsphase* teilt zuerst der Falleinbringer sein Erleben und Empfinden während der Spielsequenz mit, dann schildern alle Rollenspieler nacheinander, was sie erlebt haben, und abschließend geben die Beobachter entsprechend den festgelegten Kriterien eine Rückmeldung. Der Falleinbringer erläutert den anderen Teilnehmern, ob er die ausgewählte Situation im Rollenspiel ähnlich erlebt hat wie in der Realität der Vergangenheit oder was im Rollenspiel anders stattgefunden hat. Möglicherweise konnte er neue Blickwinkel einnehmen und kann daraus erste Erkenntnisse formulieren. Die Rollenspieler schildern, was sie gedacht und wie sie sich in der Rolle gefühlt haben, und geben dem Falleinbringer vorzugsweise Anregungen zu alternativen Handlungsmustern für ähnliche Situationen. Was während der Spielsequenz aufgefallen ist oder sichtbar wurde, teilen die Beobachter mit. Sie gehen neben der eigentlichen Interaktion auf die Sprache sowie die Körpersprache ein und formulieren evtl. Hypothesen zum Ablauf der Situation (vgl. ebd. S. 157-158).

Den Abschluss des Rollenspiels bildet die *Entlassung aus den Rollen*. Zu Beginn dieser Phase wird der Falleinbringer durch den Moderator aufgefordert Stellung zu den Ergebnissen des Rollenspiels zu nehmen und den anderen Teilnehmern seine persönlichen Konsequenzen daraus mitzuteilen (vgl. ebd. S. 158). Im Anschluss daran fordert der Moderator alle Rollenspieler auf, bewusst die Rolle für das Rollenspiel abzulegen. Dies kann dadurch erleichtert werden, dass die Rollenspieler beispielsweise aufstehen und sich kurz ausschütteln, eine kleine bioenergetische Übung machen wie das gegenseitige Ausstreichen der Arme, des Rückens und der Beine oder nacheinander laut mitteilen, dass sie jetzt wieder z.B. Yvonne, Frank oder Petra sind und Teilnehmer der kollegialen Supervision. Das bewusste Verlassen der gespielten Rollen ist wichtig, damit die Rollenspieler nicht unbewusst in der gespielten Rolle verharren und mögliche negative Attributionen oder Gefühle mit sich herumtragen bzw. aus der übernommenen Rolle heraus agieren.

Neben der hier aufgezeigten Möglichkeit, im Rollenspiel eine erlebte Situation nachzuspielen, gibt es noch andere *Varianten des Rollenspiels*. Gut für die kollegiale Supervision nutzbar sind m.E. das *Rollenspiel mit dem leerem Stuhl* sowie der *Rollentausch.*

Beim *Rollenspiel mit dem leeren Stuhl* geht der Falleinbringer allein in eine Art Spielsequenz und nimmt „Kontakt" zu der Person auf, mit der er in der ausgewählten Situation Schwierigkeiten hatte oder mit der eine unbefriedigende Kommunikation stattgefunden hat. Statt einer Person sitzt er einem leeren Stuhl gegenüber, auf dem er sich die genannte Person vorstellt, und kann zum Ausdruck bringen was ihn belastet. Auf diese Weise kann er z.B. ungehindert seine Meinung sagen und somit Dampf ablassen oder andere Kommunikationsvarianten ausprobieren und sich im Anschluss von den anderen Gruppenteilnehmern eine Rückmeldung einholen. Möglicherweise erkennt der Falleinbringer durch den imaginären Blick auf die andere Person (auf dem leeren Stuhl) und die Erinnerung an die Situation mit ihr, dass seine Reaktionen durch Übertragungen oder Projektionen (diese Phänomene erläutere ich im nächsten Kapitel) beeinflusst waren (vgl. Bachmair u.a. 1989, 167-168).

Beim *Rollentausch* nimmt der Falleinbringer bezogen auf eine ausgewählte Situation bzw. Interaktion aus der Vergangenheit die Rolle seines Gegenübers (Adressat, Kollege o.a.) ein. Er selbst wird von einem anderen Teilnehmer der kollegialen Supervisionsgruppe gespielt, dem er zuvor sein Verhalten in der ausgewählten Situation der Vergangenheit genau beschrieben hat.

In der Rolle des ehemaligen Gesprächspartners und durch die damit verbundene andere Position kann der Falleinbringer sein eigenes Gesprächsverhalten erleben und nach dem Rollentausch mit den anderen Gruppenteilnehmern auswerten (Bachmair, 168). Selbstverständlich kommt bei der Auswertung nach dem Falleinbringer zunächst der andere Rollenspieler zu Wort, bevor die restlichen Teilnehmer ihre Beobachtungen mitteilen und der Falleinbringer abschließend seine Konsequenzen aus der Rollenspielerfahrung formuliert.

Skulpturen

Als Skulptur wird *eine „Beziehungsgestalt“* (Reichel/Rabenstein 2001, 186) bezeichnet, *die durch einen Teilnehmer* der kollegialen Supervisionsgruppe (meist dem Falleinbringer) gestellt bzw. *geformt wurde*. Die Beziehungsgestalt *besteht aus anderen Gruppenteilnehmern, stellvertretend für die realen Interaktionspartner* des Falleinbringers und bringt die aktuelle Sicht des skulpturformenden Teilnehmers (auch „Bildhauer“ genannt) auf eine ausgewählte Situation oder ein Problem zum Ausdruck. Bedeutsam sind der Körperausdruck sowie die Haltungen der geformten Gestalten (Teilnehmer), die durch den „Bildhauer“ festgelegt werden. „Dabei gibt er jeder ‚Figur‘ eine symbolisch charakteristische Mimik, Körperhaltung und Position (Stehen, Liegen, Sitzen, Gehen) und bestimmt Abstände sowie Zu-/Abgewandtheit untereinander“ (Lippmann 2005, 169; vgl. auch Buer 2004, 109-110).

Es wird zwischen *Standskulpturen und Bewegungsskulpturen* unterschieden, die jeweils noch durch das *Verwenden von Möbelstücken* variiert werden können. Bei *Standskulpturen* verharren die geformten Teilnehmer der Gruppe bis zur Auswertung in der jeweiligen Körperhaltung. Im Rahmen von *Bewegungsskulpturen* führen sie hingegen ganz bestimmte, sich wiederholende Bewegungen aus und sprechen ggf. immer wieder einen Satz vor sich hin, den ihnen der Bildhauer zuvor in den Mund gelegt hat. Durch verwendete Möbelstücke, wie z. B. Stühle, können entweder nicht vorhandene Personen symbolisiert oder die eingesetzten Skulpturspieler in eine besondere bzw. exponierte Position gebracht werden.

Ähnlich wie beim Rollenspiel sollte sich die *Skulpturarbeit aus* einer *Vorbereitungsphase,* einer *Durchführungsphase* und einer *Auswertungsphase* zusammensetzen.

In der *Vorbereitungsphase* benennt der Falleinbringer (hier in der Rolle des Bildhauers) sein Anliegen und schildert die ausgewählte Situation. Danach werden für alle relevanten, in die Problemsituation involvierten Personen Skulpturdarsteller ausgewählt und es wird festgelegt, ob eine Ist- oder Sollsituation (Wunschskulptur) dargestellt werden soll (vgl. ebd.).

In der *Durchführungsphase* verteilt der Bildhauer die Skulpturspieler im Raum, gibt ihnen Anweisungen hinsichtlich der Körperhaltung, der

Mimik, der Blickrichtung, der Abstände untereinander, der Hierarchie sowie der Bewegungen (bei einer Bewegungsskulptur) und ordnet ggf. jedem Darsteller einen für ihn typischen Satz mit einer entsprechenden Geste zu. Im Anschluss daran überprüft der Falleinbringer/Bildhauer die Positionen der Darsteller und korrigiert sie unter Umständen (vgl. ebd.). In der gesamten Durchführungsphase werden die Skulpturdarsteller durch den Falleinbringer geführt, sollten dabei jedoch schweigen und bis zur Auswertung in ihrer Position verharren. Unterstützt wird der Falleinbringer durch den Moderator der kollegialen Supervisionssitzung.

Nach Fertigstellung der Skulptur beginnt die *Auswertungsphase*. Der Bildhauer/Falleinbringer betrachtet seine Skulptur, bewertet sie hinsichtlich der sichtbar gewordenen Beziehungen der Skulpturspieler untereinander und leitet seine persönlichen Erkenntnisse daraus ab (vgl. Buer 2004, 109). Die Beobachter werden gefragt, was sie sehen und welche Bedeutung sie der Skulptur beimessen. Außerdem geben die „geformten“ Teilnehmer eine Rückmeldung darüber, wie sie sich in der jeweiligen Position sowie als Teil der Skulptur fühlen und welche Gedanken sie dazu haben (vgl. Reichel/Rabenstein 2001, 186). Konkrete Fragen an die Skulpturdarsteller könnten sein:

- „Wie geht es dir in dieser Position, Haltung, Mimik, Blickrichtung und mit dem Abstand zu den anderen Personen?
- Welche Handlungsimpulse hast du verspürt? Was hättest du am liebsten wem (mit wem) getan?
- Was würdest du allgemein gern verändern?“ (Lippmann 2005, 170).

Ein weiterer Schritt in der Auswertungsphase könnte sein, dass die Teilnehmer eine gemeinsame Skulptur erstellen, in der jeder seine aus persönlicher Sicht angemessene Position bekommt. Auch möglich ist, dass der Falleinbringer nach der Darstellung der ausgewählten Praxissituation noch seine Wunschskulptur formt und sich mit den anderen Teilnehmern darüber austauscht.

Abschließend ist wie beim Rollenspiel wichtig, dass die Skulpturspieler ihre gespielten Rollen verlassen und in ihre Rollen als Teilnehmer der kollegialen Supervision zurückkehren.

Systemdarstellungen

Ähnlich wie bei der Skulptur *werden* bei Systemdarstellungen *Personen, die in einem bestimmten Zusammenhang miteinander stehen, dargestellt.* Anders als in der Skulpturarbeit werden bei Systemdarstellungen keine Gruppenteilnehmer (als stellvertretende Personen) *für die Darstellung* der ausgewählten Situation genutzt, sondern *Hilfsmittel wie z.B. Holzfiguren, Münzen, Knöpfe oder Steine*. Mit den jeweiligen Hilfsmitteln können Teams, Mitarbeiter einer Abteilung sowie ganze Organisationen, aber auch Klientensysteme, Helfersysteme oder die an einer bestimmten Situation beteiligten Personen dargestellt werden.

Bei der Verwendung z.B. von Knöpfen wählt der Falleinbringer für die darzustellenden Personen aus einem umfangreichen Pool Knöpfe nach Größe, Form und Farbe aus und arrangiert sie mit bestimmten Abständen zueinander. Die Positionierung der Köpfe durch den Falleinbringer muss auf einer für die anderen Teilnehmer einsehbaren Fläche, wie beispielsweise einem Tisch oder einem Bogen Papier auf dem Fußboden erfolgen. Mit dem Auswählen, Positionieren und Verschieben der Knöpfe werden die subjektiv erlebten Beziehungen, Rollen und Wertigkeiten der verschiedenen Personen dargestellt, nicht die offiziellen, formalen Strukturen (vgl. Lippmann 2005, 102). Die Beziehungen der Personen in der Systemdarstellung können zusätzlich verdeutlicht werden, indem die positionierten Knöpfe durch verschiedenfarbige Linien oder unterschiedlich starke Wollfäden miteinander verbunden werden (vgl. Buer 2004, 110). Während der Falleinbringer die Personen seiner ausgewählten Situation mittels der Knöpfe auf einer geeigneten Unterlage anordnet, erläutert er den anderen Teilnehmern, um welche Personen es geht; ihre Rolle und Funktion, die Interaktionen sowie Bewertungen (vgl. Reichel/Rabenstein 2001, 193). Beachtenswert ist, dass nach der subjektiv problematischen Systemdarstellung durch den Falleinbringer die Darstellung in Richtung Wunschvorstellung verändert und begründet bzw. mit den anderen Teilnehmern besprochen wird.

Der Vorteil der Nutzung genannter Hilfsmittel für eine Systemdarstellung ist, dass sie ohne viel Aufwand zu den Supervisionssitzungen mitgebracht und beim Einsatz unkompliziert angeordnet oder verschoben werden können. Zudem hat der Falleinbringer durch das

Darstellen und Draufschauen die Möglichkeit, sich zu distanzieren, kann den anderen Teilnehmern komplexe Situationen verdeutlichen und hat die Chance, Veränderungen durch das Verschieben z.B. der Knöpfe auszuprobieren (vgl. ebd. S. 135).

Reframing (Umdeuten)

Beim Reframing wird *einem Geschehen, einem Verhalten oder einer Situation* dadurch *ein anderer Sinn gegeben* bzw. eine andere Bedeutung beigemessen, dass es/sie *in einen anderen Rahmen* (frame) *gesetzt* wird. Von Schlippe und Schweitzer (1996) sehen im Reframing eine zentrale systemische Intervention (vgl. S. 177). Geschehen, Verhalten oder Situationen sind hinsichtlich ihrer Bedeutung immer von ihrem Kontext abhängig, von Kennzeichen, die zeigen, wie z.B. eine Aussage zu verstehen ist. *Durch* das *Reframing* soll der Ratsuchende/der Falleinbringer befähigt werden, *andere Kontexte* (Rahmen) oder *sinnvollere Interpretationen für das vorgestellte problematische Geschehen zu finden* (vgl. Kraft 1998, 106). Ihm soll *somit eine neue Haltung ermöglicht werden*, mit der sich für ihn *andere Optionen eröffnen* (vgl. Tietze 2007, 181). Es wird davon ausgegangen, dass jedes Verhalten, und wenn auch noch so problematisch erscheinend, aus der Sicht des Handelnden etwas Gutes bezweckt und in irgendeiner Weise sinnvoll ist. Mit Hilfe des Reframings soll eine erweiterte, andere Einstellung zu einer Situation verbunden mit der Würdigung und Akzeptanz des bisher Abgelehnten erreicht werden (vgl. Schmidt-Tanger/Kreische 1994, 85-86). „Dieses Schauen auf die Welt und mich durch eine neue, andere Brille ist manchmal schon das Ende des Problems oder ein guter Anfang für eine Veränderungsarbeit" (ebd. S. 86; vgl. auch Thomann/Schulz von Thun 1993, 306-307). Der positive Sinn eines als problematisch erlebten Geschehens soll reflektiert werden, damit ihm eine neue Bedeutung verliehen werden kann. Dadurch können *neue Wege sichtbar gemacht* und somit *anderes Handeln ermöglicht werden.*

Hilfreiche *Fragen für das Refraiming* können z.B. sein:

- Welche positiven Aspekte beinhaltet die auf den ersten Blick negativ erscheinende Situation bzw. das Geschehen?

- Was wollten die beteiligten Personen mit ihrem Verhalten u.U. sicherstellen?
- Welcher Sinn kann dem Verhalten der Beteiligten noch zugeschrieben werden?

Ein Geschehen, Verhalten oder eine Situation positiv umzudeuten heißt nicht, etwas als störend oder problematisch Erlebtes zu beschönigen oder gar zu bagatellisieren. Durch die neue Betrachtungsweise im Refraiming soll jedoch der Blickwinkel des Ratsuchenden vergrößert, seine Haltung verändert und seine Handlungsoptionen erweitert werden.

Wertschätzendes Konnotieren

Die wertschätzende Konnotation ist ein Verfahren, das im Mailänder Modell der systemischen Familientherapie begründet ist. Mit der wertschätzenden Konnotation nimmt der Therapeut und im Kontext von Supervision der Supervisor oder Moderator eine grundsätzlich wertschätzende Haltung gegenüber dem Falleinbringer und seinem Verhalten ein. Vermittelt wird diese wertschätzende Haltung über die *positive und anerkennende „Färbung" der Sprache des Supervisors/ Moderators.* Er ist „bemüht, die subjektiven Hintergründe für jedes Verhalten nachzuvollziehen, sich ‚in die Schuhe' des jeweiligen Menschen hineinzustellen und danach zu suchen, welche Bedeutung sein Verhalten im Kontext des Gesamtsystems haben mag" (v. Schlippe/ Schweitzer 1996, 176). Der Vorteil wertschätzender Konnotation ist m.E., dass sich der Falleinbringer eher verstanden und mit seinem Anliegen angenommen fühlt und sich somit besser öffnen kann.

Blitzlicht

Das Blitzlicht ist eine *kurze Abfrage der Gedanken und Gefühle der Teilnehmer einer Gruppe* zu ausgewählten Zeitpunkten des Gruppenprozesses. Ein Blitzlicht kann zu Beginn einer Gruppenarbeit eingesetzt werden, *um die augenblickliche Situation und eventuelle Wünsche jedes einzelnen Teilnehmers abzufragen.* Es wird jedoch auch häufig am Ende zur Auswertung einer Sitzung genutzt, *um das Erleben der Teilnehmer hinsichtlich der Arbeitsergebnisse sowie des Gruppenklimas transparent zu machen* (vgl. Seifert 1994, 136).

Zudem ist das Blitzlicht ein geeignetes Verfahren, *um Störungen oder Blockierungen in der Gruppe offenzulegen* und diese mit den Teilnehmern zu besprechen.

Beachtet werden sollte *beim Einsatz des Blitzlichtes, dass:*

- der Moderator die Teilnehmer zum Blitzlicht einlädt und begründet, aus welchem Anlass er dieses Verfahren einsetzt,
- *sich jedes Gruppenmitglied* zur aktuellen Situation *äußert,*
- jedes Gruppenmitglied seine *Empfindungen, Gedanken* und evtl. *Wünsche* für die Weiterarbeit *mitteilt,*
- die *Rückmeldungen* der Teilnehmer *unmittelbar* gegeben werden,
- die *Beiträge kurz* gehalten werden (keine Grundsatzerklärungen),
- die Beiträge von den anderen Teilnehmern *weder kommentiert noch diskutiert werden* (vgl. Seifert ebd.; Lippmann 2005, 63; Reichel/Rabenstein 2001, 68).

Stimmungsbarometer

Das Stimmungsbarometer ist *ein Verfahren, mit dem situativ* und unkompliziert die *Stimmung der Teilnehmer einer Gruppe erfasst und visualisiert werden* kann. In der kollegialen Supervision wird das Stimmungsbarometer eingesetzt, *um die Stimmung der Teilnehmer transparent und besprechbar zu machen* (vgl. Seifert 1994, 134). Es kann zu verschiedenen Zeitpunkten des Gruppenarbeitsprozesses genutzt werden, so z.B. für eine Zwischenevaluation hinsichtlich der Zufriedenheit der Teilnehmer, beim Auftreten von Störungen oder am Ende einer Gruppenarbeit.

Das Stimmungsbarometer wird in Form einer *Skala/Tabelle mit Piktogrammen oder Bewertungskategorien z.B. auf einen Flipchartbogen oder an der Tafel visualisiert.* Unter der Überschrift „Ich fühle mich momentan“ (ebd. S. 135) sind in der Skala bzw. Tabelle z.B. drei Smiley-Varianten, lächelnd, neutral, ärgerlich oder die fünf Bewertungskategorien sehr gut, gut, mittelmäßig, nicht so gut, schlecht vorgegeben. Beim Einsatz des Stimmungsbarometers *werden alle Teilnehmer* durch den Moderator *aufgefordert*, an die Visualisierungsfläche zu gehen und *sich* durch das Platzieren eines Häkchens oder eines Punktes in der Skala/Tabelle *einer der vorgegebenen Stimmungsmöglichkeiten zuzuordnen.*

Neben dem Erfassen der augenblicklichen Stimmung in einer Gruppe hat der Einsatz des Stimmungsbarometers den Vorteil, dass die Teilnehmer aktiviert werden und eine Auflockerung des Gruppenprozesses bewirkt wird. Beachtet werden sollte, dass das Ergebnis des Stimmungsbarometers nicht einfach unkommentiert stehen bleibt, sondern mit den Teilnehmern besprochen wird.

7.4 Was bei der Prozessgestaltung noch beachtet werden sollte

Für die Gestaltung supervisorischer bzw. beraterischer Prozesse ist die in Kapitel 7.3 beschriebene Auswahl von Verfahren sowie deren gezielter Einsatz von zentraler Bedeutung. Zudem sollten Supervisoren, und im Falle der kollegialen Supervision, Berater über weiteres spezifisches Fachwissen verfügen. Ich gehe im Folgenden auf Aspekte der Prozessgestaltung ein, die m.E. nicht außer Acht gelassen werden sollten, da sie einen nicht unerheblichen Einfluss auf das Gelingen von Beratungssituationen haben. Gemeint sind:

- die Grundhaltungen der Berater,
- das Selbstkonzept,
- Projektion und Übertragung,
- Widerstände im Beratungsprozess.

Grundhaltungen der Berater

Jeder Beratungsprozess, insbesondere die Anfangssituationen in der Beratung, ist durch die Fähigkeit eines Beraters, eine positive Beziehung zu dem Ratsuchenden aufbauen zu können, geprägt. Eine grundlegende Voraussetzung für das Zustandekommen einer vertrauensvollen, erlaubenden und konstruktiven Arbeitsatmosphäre in der Beratung sind die professionellen Berater-Grundhaltungen *Akzeptanz, Empathie und Kongruenz*. Die Bedeutung dieser Grundhaltungen sollte Beratern bekannt sein und von ihnen akzeptiert sowie in jeder Beratung reflektiert werden, da das Gelingen oder Misslingen von Beratungsprozessen nicht zuletzt davon beeinflusst wird (vgl. McLeod 2004, 140).

Akzeptanz im Rahmen von Beratungen bedeutet, dass der Berater den Ratsuchenden als Person so akzeptiert und annimmt, wie er ist. Er nimmt den Ratsuchenden mit seinem individuellen Lebensentwurf ernst und respektiert ihn als selbstbestimmte Persönlichkeit. Sowohl mit den vorhandenen Vorzügen als auch mit dem individuellen Entwicklungsbedarf, den jeder Menschen hat. Selbst wenn der Berater mit Schilderungen des Ratsuchenden konfrontiert wird, die seinen Vorstellungen völlig widersprechen, sollte er den Ratsuchenden mit seinem Anliegen ernst nehmen. Das bedeutet allerdings nicht, dass der Berater jedes Verhalten des Ratsuchenden gutheißen muss oder sollte. Es gibt Beratungssituationen bzw. Anliegen, in denen die Person des Ratsuchenden und sein Verhalten vom Berater getrennt betrachtet werden sollten. So könnte beispielsweise bei einem ethisch nicht akzeptablen Verhalten, das der Ratsuchende schildert, seiner Person dennoch weiterhin Akzeptanz vermittelt werden. Nur im Rahmen einer akzeptierenden, wertschätzenden und respektvollen Beratungsbeziehung kann sich der Ratsuchende sicher fühlen, wird er sich am ehesten öffnen und den Mut finden, neues Denken, Fühlen und Handeln zu erproben (vgl. Nestmann 2004, 792).

Empathie ist die Fähigkeit des Beraters, sich in die Gedanken und Gefühle des Ratsuchenden hineinversetzen zu können. Sie wird auch als einfühlendes Verstehen bezeichnet. Gemeint ist, dass sich der Berater auf sein Gegenüber einstellt und die verbalen und nonverbalen Botschaften sehr genau wahr und ernst nimmt. Er versucht die Lebenswelt, das Handeln und das innere Erleben des Ratsuchenden zu verstehen. Nur so kann er eine Angst reduzierende, erlaubende Atmosphäre schaffen, die es dem Ratsuchenden ermöglicht sich zu öffnen. Ist eine vertrauensvolle Atmosphäre entstanden, kann der Berater emotionale Erlebnisinhalte verbalisieren und Gefühle ausdrücken, die sich hinter Sachaussagen des Ratsuchenden verbergen, um ihm somit zu helfen seine Gefühle auszudrücken, abzuklären und zu strukturieren (vgl. Bachmair u.a. 1989, 31).

Kongruenz bedeutet wörtlich übersetzt übereinstimmend oder deckungsgleich (Deutsche Rechtschreibung 1996, 423). Im Beratungskontext bedeutet Kongruenz, dass die verbale und nonverbale Ausdrucksweise des Beraters übereinstimmen. Das Fühlen und die

Darstellungen und Äußerungen des Beraters sollten sich nicht völlig widersprechen. Es wird auch von Echtheit oder Authentizität im Verhalten des Beraters gesprochen. Die Echtheit oder Kongruenz des Beraters ist neben den o.g. Grundhaltungen eine Voraussetzung, damit eine vertrauensvolle, konstruktive Beratungsbeziehung entstehen kann. Der Berater sollte in diesem Sinne natürlich nicht all seine derzeitigen Gefühle ausleben, er sollte sich jedoch als Mensch mit emotionalen Reaktionen zeigen. Das könnte z.B. bedeuten, dass er einen Ratsuchenden weitervermittelt, wenn er merkt, dass er nicht die nötige Akzeptanz und Empathie für diese Person aufbringen bzw. entwickeln kann. Berater sollten zwar durch eine professionelle Distanz zu dem Ratsuchenden eine gewisse Neutralität haben, sie sollten jedoch zudem in der Lage sein authentisch zu bleiben und ihre Gefühle angemessen zu zeigen.

Selbstkonzept/Glaubenssätze

Das Selbstkonzept eines Menschen ist eine Verdichtung von vielen tausenden Beziehungsbotschaften und Etikettierungen über die bisherige Entwicklung hinweg. Informationen darüber, wie wir gesehen werden, erhalten wir seit unserer Kindheit durch explizite und implizite Beziehungsbotschaften von Personen aus unserer Umwelt. Daraus schlussfolgern wir, wie wir sind: „So einer bin ich also!" (Schulz v. Thun 1993, 187).

Zudem spielt die Gesellschaft als Ganzes – mit ihren Einrichtungen, Vorschriften, Gesetzen und faktischen Gegebenheiten – eine prägende Rolle für unser Selbstkonzept (ebd. S. 190). Auf der Grundlage des Selbstkonzeptes schafft sich das Individuum schließlich eine entsprechende Erfahrungswelt, die das Selbstkonzept immer wieder bestätigen wird (vgl. auch McLeod 2004, 137). Vor diesem Hintergrund sollten Verhaltensweisen und Überzeugungen der unmittelbar sowie mittelbar in den kollegialen Beratungsprozess involvierten Menschen eingeschätzt, erklärt und verstanden werden. Verstehen und Verständnis sind die Grundlagen, um konstruktiv an Einstellungs- und Verhaltensänderungen arbeiten zu können.

Projektion und Übertragung

Die *Projektion* ist ein Abwehrmechanismus, mit dem unerwünschte eigene Gefühle anderen zugeschrieben werden (vgl. Dahmer 2003, 111). Bei der Projektion werden bestimmte seelische Vorgänge, die sich unerkannt in einer Person abspielen, von dieser Person nach außen projiziert. Mit seelischen Vorgängen sind Gefühle und Impulse gemeint, die sich diese Person nicht eingestehen möchte, die nicht in ihr Selbstbild passen. Es sind „störende" Persönlichkeitsanteile, die im Laufe der Entwicklung (meist schon in der Kindheit) unbewusst abgespaltet wurden, um den Maßgaben aus dem unmittelbaren Lebensumfeld (Familie, Freunde) zu entsprechen. Diese seelischen Vorgänge bzw. unerwünschten Gefühle und Verhaltensweisen werden bei anderen Personen übersensibel entdeckt und oft mit großer Heftigkeit bekämpft (vgl. Schulz v. Thun 1993, 176).

„Wenn wir einen Menschen hassen, so hassen wir in seinem Bild etwas, was in uns selber sitzt. Was nicht in uns selber ist, das regt uns nicht auf" (Hesse 1972, zit. in Schulz v. Thun 1993, 176).

Die *Übertragung* ist ein unbewusst ablaufender Vorgang, bei dem Attribute einer bekannten Person auf eine andere, meist nicht so gut bekannte Person übertragen werden. Bei der Übertragung ist quasi unbewusst eine dritte Person mit „im Spiel". Während einer aktuell stattfindenden Begegnung zwischen zwei Menschen werden Eigenschaften einer Person aus der Vergangenheit wie z.B. bestimmte Charaktereigenschaften, besondere Sympathie oder Antipathie unbewusst auf das aktuelle Gegenüber übertragen. Ausgelöst wird die Übertragung z.B. durch

- die Art, wie eine Person redet (Stimme, Sprechtempo, Ausdruck),
- ihre Körpersprache (Haltung, Bewegung, Blick) oder
- das optische Erscheinungsbild des Interaktionspartners.

Diese Ähnlichkeiten mit Personen aus der Vergangenheit sind der übertragenden Person jedoch nicht bewusst. Unbewusst reagiert sie auf den anderen, als ob es sich um die Person aus ihrer Vergangenheit handeln würde (vgl. Schulz v. Thun 1993, 176-177).

Bachmair (u.a. 1989) führen aus, dass bei der Übertragung frühe Konflikte des Ratsuchenden mit Autoritätspersonen (Eltern, Lehrer) unbewusst in die Beratungssituation eingebracht werden (vgl. S. 42-43). Möller (2003) erklärt Übertragungsphänomene als verlorengegangene Erinnerungen, die sich z.B. in der Supervision zeigen (vgl. S. 299).

Schulz von Thun (1993) sieht einen Zusammenhang zwischen der Bereitschaft zur Selbstoffenbarung einer Person und den Vorgängen bei der Projektion und Übertragung. Er ist der Ansicht, dass eine Person, je mehr sie sich offenbart, umso weniger Projektions- und Übertragungsfläche bietet. Je weniger eine Person jedoch von sich gibt, desto größer wird die „Leinwand" (ebd. S. 178), die sie für Projektionen und Übertragungen alter Ängste und Hassgefühle zur Verfügung stellt, weil den Phantasien des Gegenüber keine realen Selbstoffenbarungen entgegengesetzt werden.

Beachtenswert sind die Phänomene Projektion und Übertragung im Rahmen kollegialer Supervision, da sie allgegenwärtig anzutreffen sind und unbewusst das Erleben und Verhalten von Menschen beeinflussen. Um Reaktionen auf bestimmte Personen verstehen und entsprechende Handlungsstrategien entwickeln zu können, sollten Projektionen und Übertragungen reflektiert und erkannt werden.

Widerstände im Beratungsprozess

In Beratungskontexten ist es ratsam, Widerstände auf Seiten der Ratsuchenden und Gruppenteilnehmer nicht wie lästige Insekten zu behandeln. Widerstände entstehen nicht ohne Grund. „Widerstände und Ambivalenzen sind ein normaler Ausdruck des Sicherheitsbedürfnisses von Menschen" (Belardi 1998, 84). Eine Person entwickelt Widerstände, um sich zu schützen, z.B. gegen die Einflüsse anderer. Auftretende Widerstände, beispielsweise im Zusammenhang mit Fragen, mit Anmerkungen oder anderen Interventionen im Rahmen der Prozessgestaltung, sollten daher ernst genommen und berücksichtigt werden. Sie sind wichtige Botschaften und keine Feinde, gegen die man ankämpfen sollte (vgl. Thomann/Schulz v. Thun 1993, 73-75). Im Zusammenhang mit der Herausbildung von Widerständen entziehen die betreffenden Personen dem Moderator bzw. den anderen Gruppenteilnehmern implizit die Arbeitserlaubnis, so dass die Weiterarbeit ohnehin behindert wird. Widerstände können anzeigen, dass z.B.

- der Ratsuchende/Falleinbringer sich bedrängt, nicht ernst genommen oder überfordert fühlt,
- die Beratungsziele der Gruppe nicht mit denen des Ratsuchenden übereinstimmen,
- vom Ratsuchenden nicht genügend Vertrauen für eine vertiefende Weiterarbeit aufgebracht werden kann,
- Verletzungen innerhalb der Gruppe stattgefunden haben,
- eine Frage oder Anmerkung grenzüberschreitend war,
- der Ratsuchende Angst hat, seine „Fehler" zu offenbaren,
- die Arbeitsatmosphäre in der Gruppe nicht tragfähig ist (vgl. Winiarski 2004, 127-135).

Anzeichen, die auf Widerstände hindeuten können z.B. sein:

- das Ablehnen der Vorschläge der Berater,
- wiederholte Ja-aber-Einwände,
- Black-outs,
- ein Blick ins Leere,
- das Ignorieren von Fragen,
- ein rascher Themenwechsel,
- überschnelles Antworten,
- Erklärungen u. Rechtfertigungen,
- eine ausweichende, passive Gesamthaltung gegenüber Fragen oder
- fehlendes Ergreifen der Initiative bei Vorschlägen (vgl. ebd. S. 129-130).

Hilfreich im Beratungskontext ist es, sich zunächst mit dem Widerstand zu verbünden, da in ihm eine Verweigerung zur Selbstaussage steckt. Die Bereitschaft des Ratsuchenden zur persönlichen Aussage nimmt interessanterweise in dem Maße wieder zu, in dem die Berater seinen Widerstand akzeptieren (vgl. Thomann/Schulz v. Thun 1993, 74-75). Danach können Widerstände im Rahmen kollegialer Supervisionen respektvoll thematisiert und besprochen werden. Im Ergebnis ist eine Änderung der weiteren Zusammenarbeit denkbar. Der bzw. die Teilnehmer könnten z.B. gefragt werden, was er/sie benötigen, um konstruktiv weiterzuarbeiten. Widerstände sind ein wichtiger Teil der subjektiven Wahrheit einer Person, ohne deren

Beachtung und Bearbeitung der Beratungsprozess nicht erfolgreich fortgeführt werden kann (vgl. Thomann 1998, 34).

7.5 Die Fehlerteufel nicht unterschätzen: Fehler in der Gestaltung der kollegialen Supervision

Das Gelingen kollegialer Supervisionsprozesse ist neben der Berücksichtigung der in Kapitel 7.1 beschriebenen Merkmale und Rahmenbedingungen von den Erfahrungen der Teilnehmer mit dieser Arbeitsform sowie von verschiedenen weiteren Faktoren abhängig. Die Voraussetzung für Erfahrungen ist, dass Menschen etwas tun, dass sie beispielsweise eine Methode anwenden und üben. Einprägsame Lernerfahrungen ziehen die meisten Menschen jedoch aus Fehlern die ihnen unterlaufen, vorausgesetzt diese wurden erkannt und reflektiert, um daraus Schlüsse zu ziehen. Einige mögliche Fehler bei der Gestaltung und Steuerung des Supervisionsprozesses, die im Übrigen nicht nur Anfängern und Ungeübten unterlaufen können, werde ich im Folgenden aufzeigen und kommentieren (vgl. auch Schlee 2004, 124).

Gleich zu Beginn der Supervisionssitzung könnte ein Fehler sein, dass die *Leitung der kollegialen Supervision bzw. die Rollen nicht eindeutig festgelegt* wurden. In diesem Falle fühlen sich alle Teilnehmer mehr oder weniger für die Moderation und Prozessgestaltung verantwortlich, es fehlt eine klare Struktur und ein effektiver Arbeitsprozess kommt nicht zustande. Auch könnte die Fallbearbeitung indirekt bereits in der Anwärmphase beginnen, indem einer der Teilnehmer sein Anliegen schon mal vorab schildert und die anderen Gruppenmitglieder bereits Fragen dazu stellen und Kommentare abgeben. Insbesondere für diese Situation ist es von Vorteil, wenn die Moderation und ggf. der Zeitwächter bereits am Ende der vorherigen Sitzung festgelegt wurde. Der Moderator sollte dann seine Rolle übernehmen und die Gruppenteilnehmer an die gemeinsam festgelegte Arbeitsstruktur sowie an die Kommunikationsregeln der kollegialen Supervision erinnern und sie auffordern die Bearbeitungsschritte zu respektieren.

Ein anderer Fehler in der Gestaltung einer kollegialen Supervisionssitzung könnte sein, dass der *Zeitrahmen generell bzw. zu Beginn nicht klar definiert* wurde und u.U. alle Teilnehmer von einem anderen Zeitumfang für die jeweilige Sitzung ausgehen. Dies könnte zur Folge haben, dass der eine oder andere Gruppenteilnehmer gehen muss, bevor die geplante(n) Fallbearbeitung(en) abgeschlossen ist (sind) und/oder eine generelle Unruhe in der Gruppe entsteht. Für den Falleinbringer und den sorgfältigen Abschluss des Fallbearbeitungsprozesses ist das eine sehr hinderliche und unbefriedigende Situation. Daher sollte das Ende jeder Supervisionssitzung zu Beginn gemeinsam festgelegt bzw. noch einmal überprüft werden.

Nachdem in der Anwärmphase der kollegialen Supervision der genutzte Raum vorbereitet oder „bezogen" wurde, nehmen die Gruppenmitglieder, der Falleinbringer sowie der Moderator ihre Plätze ein. Bewährt hat sich eine *Sitzordnung*, die aus einem Stuhlhalbkreis besteht, an dessen offenem Ende der Moderator sitzt. *Ungünstig für die Arbeit des Moderators* ist, *wenn sich die Gruppenteilnehmer* am rechten und linken Ende des Halbkreises *außerhalb seines Gesichtsfeldes befinden und er sie nicht mehr sehen kann.* Die Folgen einer solchen Sitzordnung könnten sein, dass der Moderator die Wortmeldungen oder nonverbalen Botschaften dieser Teilnehmer nicht erfassen und somit auch nicht berücksichtigen kann. Demnach ist es bedeutsam, dass der Moderator eine gewisse Distanz zu dem Halbkreis der Teilnehmer hat, damit er alle Gruppenmitglieder gut wahrnehmen kann.

Die Fokussierung der Fallbearbeitung wird im zweiten Schritt der Fallbearbeitungsphase dadurch erzielt, dass der Falleinbringer eine *Frage zum Fall an die Gruppenmitglieder* richtet. Wird diese Frage *unklar* oder gar nicht formuliert, hat die *Gruppe* entweder einen *unklaren oder gar keinen Arbeitsauftrag* vom Falleinbringer bekommen und es ist *nicht eindeutig, worauf die Fallbearbeitung abzielt.* Der Fall oder das Anliegen kann zwar von verschiedenen Seiten beleuchtet werden, welchen Anspruch der Falleinbringer an die Bearbeitung hat, wird jedoch nur durch einen klaren Arbeitsauftrag deutlich. Auch wenn das Herausarbeiten und Formulieren einer klaren Frage durch den Falleinbringer nicht immer leicht gelingt bzw. mitunter mühsam und zeitaufwändig ist, so ist dieser Schritt doch eine grundlegende Voraussetzung für eine sorgfältige Fallbearbeitung.

Ein weiterer Fehler in der Gestaltung der kollegialen Supervision könnte sein, dass in der Aushandlungsphase *zu wenig Zeit für die*

Bearbeitung der ausgewählten Fälle eingeplant wurde. Eine Konsequenz könnte sein, dass der Moderator ungeduldig wird und den Gruppenteilnehmern *zu wenig Zeit zum Nachdenken sowie Nachspüren* einräumt. Dass er nicht alle Antworten zulässt und seine Fragerunden bzw. Aufforderungen zu Beiträgen zu schnell beendet. Mögliche Folgen wären z.B., dass wichtige Beiträge verloren gehen, dass Gruppenteilnehmer, die zurückhaltender sind oder etwas mehr Zeit zum Nachdenken benötigen und ihre Beiträge in diesem Falle nicht einbringen können, sich zurückziehen bzw. ärgerlich werden oder dass die Bearbeitung des Anliegens nur oberflächlich erfolgt.

Ebenfalls aus Zeitnot, möglicherweise jedoch auch aus Unsicherheit hinsichtlich des Ablaufes der Fallbearbeitungsphase, könnten *Schritte übersprungen* werden und es könnte *zu schnell auf Lösungsvorschläge fokussiert* werden. Auch in diesem Fall werden das vorgestellte Geschehen und die im Zusammenhang damit beschriebenen Verhaltensweisen sehr wahrscheinlich nur oberflächlich reflektiert. Es ist fraglich, ob auf diese Weise andere Sichtweisen erzielt und neue Handlungsoptionen eröffnet werden können.

Nicht zuletzt ist es ungünstig, wenn *Widerstände* auf Seiten des Falleinbringers oder einzelner Gruppenmitglieder nicht wahrgenommen oder *ignoriert* werden und ggf. auch *gegen den Willen* der betreffenden Person weiter *nachgehakt* wird (vgl. Kap. 7.4). Grundsätzlich sollten die Grenzen aller Teilnehmer respektiert werden. Jeder der freiwillig an der kollegialen Supervision teilnehmenden Personen sollte nur das sagen müssen, wozu er auch bereit ist (vgl. Belardi 2005, 82).

Abschließend stelle ich angelehnt an Schlee (2004, 124) *weiter Fehler* vor, die im Rahmen kollegialer Supervision begangen werden könnten:

- Dem Falleinbringer könnten *versteckte Ratschläge* gegeben werden.
- Von den Teilnehmern könnten mehrfach *Nebengespräche* geführt werden, was zu Unruhe und Unaufmerksamkeit führen würde.
- Die Teilnehmer könnten wohlwollend eine *Lösung erzwingen* wollen.
- Über den Falleinbringer könnte von den Teilnehmern *in der dritten Person gesprochen* werden.

- Der Moderator könnte *der Sicherheit und dem Vertrauen des Falleinbringers nicht genügend Aufmerksamkeit widmen.*
- Der ggf. eingesetzte Zeitwächter könnte die *Zeit vergessen.*
- Die *Sitzung* könnte *ohne Blitzlicht, Dank und Abschied enden.*

Kleinere oder größere Fehler können in kollegialen Supervisionen und auch in Supervisionen mit Supervisor immer auftreten. Wichtig im Umgang mit Fehlern ist, dass sie erkannt sowie reflektiert werden (dürfen) und die verantwortliche Person daraus Schlüsse zieht und etwas lernt.

7.6 Brauchen wir trotzdem einen Supervisor?

Wann ein externer Supervisor im Rahmen kollegialer Supervision hilfreich ist

Eine abschließende Frage, die sich im Kontext von kollegialer Supervision stellt, ist: Benötigen kollegiale Supervisionsgruppen, auch wenn sie konstruktiv und effizient arbeiten, dennoch einen externen bzw. ausgebildeten Supervisor für ihre Arbeit?

Ob ein ausgebildeter Supervisor im wahrsten Sinne des Wortes notwendig ist, also Not abwenden kann, sei dahingestellt. Aus meiner Sicht kann es für die kollegialen Beratungsgruppen jedoch hilfreich sein, in festzulegenden Zeitabständen mit einem externen bzw. ausgebildeten Supervisor zu arbeiten (vgl. Bachmair u.a. 1989, 152).

Dabei setze ich voraus, dass die Teilnehmer kollegialer Supervisionsgruppen im Vorfeld bereits Supervisionserfahrungen mit einer ausgebildeten Person sammeln konnten und auf konstruktive Erlebnisse sowie Ergebnisse zurückblicken können.

Ein externer Supervisor sollte m.E. dann hinzugezogen werden, *wenn es z.B. Konflikte innerhalb der kollegialen Supervisionsgruppe gibt*, die zum Thema gemacht bzw. bearbeitet werden sollen (vgl. Tietze 2007, 112). Hier ist die Moderation und Prozesssteuerung durch eine außen stehende Person von Vorteil, da diese nicht in den Gruppenprozess involviert ist und somit die nötige Distanz hat. Zudem ist davon auszugehen, dass ein ausgebildeter Supervisor über ein größeres Spektrum an Methoden und Verfahren verfügt als die meisten Teilnehmer kollegialer Beratungsgruppen. Gerade bei der Bearbeitung von Konflikten kann es von Vorteil sein, dass durch den

Supervisor die Zusammenarbeit der Gruppe auf anderen Ebenen als sonst angesprochen wird. Gemeint sind eine stärkere psychologische Tiefung in der Fallarbeit sowie das Herausarbeiten von Verstrickungen und blinden Flecken innerhalb der Gruppe.

Ein weiterer Anlass, einen externen Supervisor hinzuzuziehen könnte sein, dass *heikle Themen bearbeitet werden sollen*, deren Moderation keiner der Gruppenmitglieder übernehmen möchte. Auch in diesem Falle erhofft sich die Gruppe durch den externen Experten eine gewisse Sicherheit hinsichtlich der Prozesssteuerung sowie der Ergebnisse.

Sind *alle Teilnehmer* der kollegialen Supervisionsgruppe *gleichermaßen von einem Problem betroffen* oder in einen Fall involviert, ist es aus meiner Sicht ebenfalls empfehlenswert die Leitung der Fallarbeit an einen externen Supervisor abzugeben. Auf diese Weise können sich alle Gruppenmitglieder gleichermaßen in die Fallbearbeitung einbringen, ohne eine besondere Verantwortung für die Prozesssteuerung zu haben.

Betrifft ein Anliegen, das in der kollegialen Supervision vorgestellt wird, nicht nur einen Teilnehmer oder ein Team, sondern *die gesamte Organisation*, macht die Bearbeitung im Rahmen kollegialer Supervision wenig Sinn. Hier ist aller Voraussicht nach eine Organisationssupervision erforderlich und diese sollte in jedem Falle durch ausgebildete externe Supervisoren geleitet werden. Die Organisationssupervision ist, wie in Kap. 2.4 erläutert, eine umfassende Arbeitsform von Supervision und setzt ein breites Fundament an Fachkompetenz voraus.

Auch wenn keiner der genannten Gründe vorliegt, ist es m.E. für kollegiale Supervisionsgruppen dennoch hilfreich in bestimmten Abständen eine Supervisionssitzung mit einem ausgebildeten Supervisor durchzuführen. Diese „Sondersitzungen" könnten von der Supervisionsgruppe *zur Reflexion* ihrer *kollegial-beraterischen Arbeit sowie zur methodischen Weiterentwicklung* genutzt werden. Ferner ist es vorstellbar, dass der externe Supervisor in der Rolle eines Fortbildners von der Gruppe gewünschte Fachthemen präsentiert und mit der Gruppe bearbeitet.

Zusammenfassend kann gesagt werden, dass es für die Qualität der Arbeit kollegialer Supervisionsgruppen durchaus sinnvoll ist, von

Zeit zu Zeit mit einem externen, ausgebildeten Supervisor zu arbeiten (vgl. Lippmann 2005, 65). Besteht die kollegiale Beratungsgruppe aus Teilnehmern, die über viel Supervisionserfahrung mit einem ausgebildeten Supervisor verfügen, ist die punktuelle Arbeit mit einem externen Supervisor sicherlich nicht zwingend notwendig. Davon ausgehend, dass es sich bei dem externen Supervisor um einen Kollegen handelt, der über umfangreiche Fach- und Methodenkenntnisse verfügt und mit der Gruppe gut in Kontakt kommt, wird die Arbeit mit ihm für die Gruppe jedoch in jedem Falle bereichernd sein.

Literatur

Achterberg, B. 1983: Des Kaisers neue Kleider oder: Anzug beliebig, aber erwünscht, in: Supervision, Materialien für berufsbezogene Beratung in sozialen, pädagogischen und therapeutischen Arbeitsfeldern, 3, Münster, S. 20-26

Allert, Tilman 1998: Braucht jede Profession eine Supervision? Soziologische Anmerkungen zum Supervisionsbedarf und zum Autonomieanspruch der Professionen, in: Berker, Peter/Buer, Ferdinand (Hrsg.): Praxisnahe Supervisionsforschung: Felder – Designs – Ergebnisse. Münster, S. 16-45

Auckenthaler, Anna 1991: Supervision: Der sanfte Umgang mit dem täglichen Scheitern, in: *GWG Zeitschrift*, Heft 84, S. 46-50

Auckenthaler, Anna/Kleiber, Dieter 1992: Supervision: Bedarfe, Ansätze, Entwicklungen, in: Auckenthaler, Anna/Kleiber, Dieter (Hrsg.): Supervision in Handlungsfeldern der psychosozialen Versorgung. Tübingen, S. 9-28

Auckenthaler, Anna 1995: Supervision psychoanalytischer Praxis. Organisation – Standards – Wirklichkeit. Stuttgart

Auckenthaler, Anna 1998: Qualitätssicherung durch Supervision?, in: Berker, Peter/Buer, Ferdinand (Hrsg.): Praxisnahe Supervisionsforschung: Felder – Designs – Ergebnisse. Münster, S. 183-195

Auckenthaler, Anna 1999: Supervision von Psychotherapie: Behauptungen – Fakten – Trends, in: *Psychotherapeut*, Heft 3, S. 139-151

Bachmair, Sabine u.a 1989: Beraten will gelernt sein. 4. Auflage. München

Bauer, Annemarie 2004: Lieber mit den Wölfen heulen als mit den Schafen blöken, in: Buer, Ferdinand/Stiller, Gertrud (Hrsg.): Die flexible Supervision. Wiesbaden, S. 121-141

Bauriedl, Thea 1986: Veränderungsprozesse in Balint-Gruppen, in: Pühl, Harald/Schmidbauer, Wolfgang (Hrsg.): Supervision und Psychoanalyse. Plädoyer für eine emanzipatorische Reflexion in helfenden Berufen. München, S. 111-126

Bauriedl, Thea 1993: Veränderungsprozesse in Balint-Gruppen, in: Pühl, Harald/Schmidbauer, Wolfgang (Hrsg.): Supervision und Psychoanalyse. Selbstreflexion der helfenden Berufe. Frankfurt/M., S. 102-115

Bandler, Richard/Grinder, John 1979: Frogs into Princes. Moab: Real People Press; dt.: Neue Wege der Kurzzeit-Therapie. Paderborn

Bandler, Richard/Grinder, John 1982: Refraiming. Moab: Real People Press; dt.: Refraiming – ein ökologischer Ansatz in der Psychotherapie (NLP). Paderborn

Bartel, Marita 1994: Nutzen und Gefahren klientenzentrierter Vorerfahrungen für die Supervision, in: *Forum Supervision*, Heft 3, S. 5-22

Battistisch, Peter 1997: Evaluation und Erfolgskontrolle in der Supervision – ein Beitrag zur Qualitätssicherung?, in: Luif, Ingeborg (Hrsg.): Supervision. Tradition, Ansätze und Perspektiven in Österreich. Wien, S. 129-143

Beer, Thomas 1996: Evaluation von Supervision – Zur Erforschung der Wirkungen von Supervisionsprozessen. Diplomarbeit. Osnabrück

Belardi, Nando 1992: Supervision. Von der Praxisberatung zur Organisationsentwicklung. Paderborn

Belardi, Nando 1994: Zur geschichtlichen Entwicklung: Von der Supervision zur Organisationsberatung, in: Pühl, Harald (Hrsg.): Handbuch der Supervision 2. Berlin, S. 333-343

Belardi, Nando 1996: Supervision: eine Einführung für soziale Berufe. Freiburg im Breisgau

Belardi, Nando 1999: Von der amerikanischen Importware zum Qualifizierungsinstrument – Der Weg der Supervision in Deutschland, in: Kühl, Wolfgang/Schindewolf, Regina (Hrsg.): Supervision und das Ende der Wende. Opladen, S. 23-37

Belardi, Nando 2005: Supervision. Grundlagen, Techniken, Perspektiven. 2. Aufl. München

Bennis, Warren G. 1972: Entwicklungsmuster in T-Gruppen, in: Bradfort, Leland u.a (Hrsg.): Das gruppendynamische Training. Stuttgart, S. 267-300

Bensch-Venner, Ingo/Hofmann, Bernhard 1999: Pflegethema: Supervision – Chancen und Wege. Stuttgart

Berker, Peter/Buer, Ferdinand (Hrsg.) 1998: Praxisnahe Supervisionsforschung: Felder – Designs – Ergebnisse. Münster

Berne, Eric 1970: Spiele der Erwachsenen. Reinbek bei Hamburg

Bernler, Gunnar/Johnsson, Lisbeth 1993: Supervision in der psychosozialen Arbeit. Integrative Methode und Praxis. Weinheim und Basel

Bion, Wilfried 1974: Erfahrungen in Gruppen und andere Schriften. Stuttgart

Birgmeier, Bernd R. 2005: Coaching und Soziale Arbeit. Grundlagen einer Theorie sozialpädagogischen Coachings. Weinheim

Birkenbihl, Vera F. 1994: Kommunikationstraining: zwischenmenschliche Beziehungen erfolgreich gestalten. München

Blinkert, Baldo/Huppertz, Norbert 1974: Der Mythos der Supervision – Kritische Anmerkungen zu Anspruch und Wirklichkeit, in: *Neue Praxis*, Heft 4, S. 117-127

Bobzien, Monika u.a 1996: Qualitätsmanagement. Alling

Brandau, Hannes 1991: Supervision aus systemischer Sicht. Salzburg

Buchholz, Michael/Hartkamp, Norbert (Hrsg.) 1997: Supervision im Fokus. Polyzentrische Analysen einer Supervision. Opladen

Buchinger, Kurt 1998: Supervision in Organisationen. Den Wandel begleiten. Heidelberg

Buer, Ferdinand 1996: Psychodramatische Supervision, in: *Supervision*, Heft 29, S. 81-92

Buer, Ferdinand (Hrsg.) 1999: Lehrbuch der Supervision. Münster

Buer, Ferdinand 2004: Methoden in der Supervision – psychodramatisch angereichert, in: Buer, Ferdinand (Hrsg.): Praxis der Psychodramatsichen Supervision. Ein Handbuch. Wiesbaden, S. 103-123

Carifio, Michael S./Hess, Allen K. 1988: Was kennzeichnet den idealen Supervisor?, in: *Report Psychologie*, Heft 5-6/88., S. 18-27

Cohn, Ruth 1974: Von der Psychoanalyse zur Themenzentrierten Interaktion. Stuttgart

Conrad, Gabriele/Pühl, Harald 1983: Team-Supervision – Gruppenkonflikte erkennen und lösen. Berlin

Dahmer, Hella/Dahmer, Jürgen 2003: Gesprächsführung. Eine praktische Anleitung. Stuttgart

Dauscher, Ulrich 1996: Moderationsmethode und Zukunfswerkstatt. Neuwied

Degenhardt, Celine 1994: Möglichkeiten und Grenzen der Supervision im Allgemeinkrankenhaus, in: Pühl, Harald (Hrsg.): Handbuch der Supervision 2. Berlin, S. 242-253

Doppler, Klaus/Lauterburg, Christoph 1995: Change Management: Den Unternehmenswandel gestalten. Frankfurt/M.

Ebert, Wolfgang 1999: Die Bedeutung systemischen Denkens für die Praxis eines methodenpluralen Supervisionskonzeptes. Inauguraldissertation. Essen

Ehinger, Wolfgang/Henning, Claudius 1994: Praxis der Lehrsupervision. Leitfaden für Lehrergruppen mit und ohne Supervisor. Weinheim und Basel

Engelhardt, Hans D. u.a 1996: Organisationsentwicklung. Alling

Fatzer, Gerhard (Hrsg.) 1990: Supervision und Beratung. Köln

Fatzer, Gerhard 2005a: Phasendynamik und Zielsetzung der Supervision und Organisationsberatung, in: Fatzer, Gerhard (Hrsg.): Supervision und Beratung. 11. Aufl. Bergisch Gladbach, S. 53-84

Fatzer, Gerhard 2005b: Teamsupervision als Organisationsentwicklung, in: Fatzer, Gerhard (Hrsg.): Supervision und Beratung. 11. Aufl. Köln, S. 263-266

Fatzer, Gerhard 2005c: Die lernfähige Organisation, in: Fatzer, Gerhard (Hrsg.): Supervision und Beratung. 11. Aufl. Bergisch Gladbach, S. 389-408

Fengler, Jörg 1993: Supervision in Gestalttheoretischer Perspektive, in: *Gestalt Theory*, Heft 15 (3-4), S. 208-216

Fengler, Jörg 1998: Supervision und Evaluation, in: Berker, Peter/Buer, Ferdinand (Hrsg.): Praxisnahe Supervisionsforschung: Felder – Designs – Ergebnisse. Münster, S. 69-88

Ferner, Hans 1998: Supervision in Institutionen, in: Hennch, Christoph u.a. (Hrsg.): Formen der Supervision: Supervisionskonzepte und Praxis im Klinikkontext. Frankfurt/M., S. 84-98

Filsinger, Dieter u.a 1993: Supervision in der AIDS-Arbeit. Ergebnisse einer wissenschaftlichen Begleituntersuchung. Berlin

Fischer, Martin/Graf, Pedro 2000: Coaching: Ein Fernwerkshop. Augsburg

Frank, Renate/Vaitl, Dieter 1986: Empirische Analysen zur Supervision von Psychotherapien, in: *Zeitschrift für personenzentrierte Psychologie und Psychotherapie*, Heft 5, S. 255-269

Frank, Renate/Vaitl, Dieter 1987: Entwicklung eines mehrdimensionalen Fragebogens zur Erfassung von Supervisionsaspekten (FSPT), in: *Diagnostica*, Heft 33, S. 30-42

Frank, Renate 1995: Psychotherapie-Supervision, in: Report Psychologie, Heft 20, S. 33

Frank, Renate 1996: Relevanz der Supervisionsforschung für die Praxis der Psychotherapie, in: Petzold, Hilarion G./Märtens, Michael (Hrsg.): Psychotherapieforschung und die Praxis der Psychotherapie

Gaertner, Adrian 1998: Professionalismus und Dequalifizierung der Supervision – Kritische Anmerkungen zur Entwicklung einer jungen Profession, in: *Forum Supervision*, Heft 12, S. 86-114

Garz, Hans G. 1996: Wege zum schwierigen Kind. Die Balint-Gruppe im Schulalltag. Eine empirische Studie. Mainz

Geißler, Karlheinz A./Hege, Marianne 2007: Konzepte sozialpädagogischen Handelns. Weinheim und München

Giesecke, Michael/Rappe - Giesecke, Kornelia 1997: Supervision als Medium kommunikativer Sozialforschung. Die Integration von Selbsterfahrung und distanzierter Betrachtung in der Beratung und Wissenschaft. Frankfurt/M.

Gotthardt-Lorenz, Angela 1994: Organisationssupervision: Rollen und Interventionsfelder, in: Pühl, Harald (Hrsg.): Handbuch der Supervision 2. Berlin, S. 365-379

Gröning, Katharina 1996: Wissen was man tut. Eine Würdigung des Supervisionskonzeptes von Gerhard Leuschner. *Forum Supervision*, Heft 8, S. 95-104

Gründler, Ursula 1995: Neu!! NLP – Supervision – Ausbildung, in: *Multi Mind – NLP aktuell*, Heft 6, S. 16-17

Hagehülsmann, Ute 1992: Transaktionsanalyse – Wie geht denn das? Transaktionsanalyse in Aktion. Paderborn

Hahn, Karin u.a (Hrsg.) 1997: Themenzentrierte Supervision. Mainz

Hantschk, Ilse 1994: Rollenberatung, in: Pühl, Harald (Hrsg.): Handbuch der Supervision 2. Berlin, S. 162-172

Harris, Thomas 1975: Ich bin o.k. Du bist o.k. Reinbeck bei Hamburg

Hege, Marianne (1983 a): Abstinenz oder Authentizität als Beratungsform in der Supervision, in: Supervision, Materialien für berufsbezogene Beratung in sozialen, pädagogischen und therapeutischen Arbeitsfeldern, 3, Münster, S. 4-12

Hege, Marianne (1983 b). Supervision und Balintgruppenarbeit: Zu diesem Heft, in: Supervision, Materialien für berufsbezogene Beratung in sozialen, pädagogischen und therapeutischen Arbeitsfeldern, 4, Münster, S. 1-5

Heigl-Evers, Annelise/Heigl, Franz 1984: Konzepte der analytischen Gruppentherapie, in: Kindlers Psychologie des 20. Jahrhunderts. Sozialpsychologie. Band 2. Gruppendynamik und Gruppentherapie. Weinheim und Basel

Heiner, Maja 1986: Evaluation und Effektivität in der sozialen Arbeit. Modelle, Methoden, Erfahrungen, in: Oppl, Hubert/Tomaschek, Arnold (Hrsg.): Soziale Arbeit 2000. Band 2. Freiburg, S. 74 ff.

Heltzel, Rudolf 1998: Supervisoren brauchen Feldkompetenz, in: Eck, Dietrich (Hrsg.): Supervision in der Psychiatrie. Bonn, S. 66-76

Hennch, Christoph u.a (Hrsg.) 1998: Formen der Supervision: Supervisionskonzepte und Praxis im Klinikkontext. Frankfurt/M.

Hennig, Gudrun/Pelz, Georg 1997: Transaktionsanalyse. Ein Lehrbuch für Therapie und Beratung. Freiburg

Hermann, Ina 2001: Qualitätssicherung im Krankenhaus durch Supervision. Eine Studie in zwei Krankenhäusern der neuen Bundesländer. Dissertation. Berlin

Hinnen, Peter 1990: Der Gestaltansatz der Supervision. Geschichte vom Eichhörnchen und Maulwurf oder Der Umgang mit Oberfläche und Tiefe in der Supervision, in: Fatzer, Gerhard (Hrsg.): Supervision und Beratung. Köln, S. 123-142

Hundsalz, Andreas 1985: Psychodrama in der Supervision von Sozialarbeitern, in: Gruppendynamik 4, S. 369-379

Huppertz, Norbert 1975: Supervision. Analyse eines problematischen Kapitels der Sozialarbeit. Neuwied

Jarecki, Maria 1997: Supervision in der Ausbildung von Ergotherapeuten, in: Luif, Ingeborg (Hrsg.): Supervision. Tradition, Ansätze und Perspektiven in Österreich. Wien, S. 367-373

Jugert, Gert u.a 1997: Modellversuch Pädagogische Supervision. Ein Bericht. Bremen

Jugert, Gert 1998: Zur Effektivität pädagogischer Supervision: eine Evaluationsstudie schulinterner Gruppen-Supervision mit Lehrern. Frankfurt/M.

Kächele, Horst 1993: Psychoanalyse, in: Seifert, Theodor/Waiblinger, Angela (Hrsg.): Die 50 wichtigsten Methoden der Psychotherapie, Körpertherapie, Selbsterfahrung und des geistigen Trainings. Stuttgart, S. 251-252

Karnath, J. 1989: Supervision und Beratungskultur in der alternativen Szene, in: *Supervision*, Heft 15, S. 65-72

Kersting, Heinz-J. 1983: Die Rolle des nebenberuflichen Supervisors, in: Supervision, Materialien für berufsbezogene Beratung in sozialen, pädagogischen und therapeutischen Arbeitsfeldern, 3, Münster, S. 61-64

Kersting, Heinz-J./Krapohl, Lothar 1994: Team-Supervision, in: Pühl, Harald (Hrsg.): Handbuch der Supervision 2. Berlin, S. 95-111

Klüsche, Wilhelm 1999: Ein Stück weiter gedacht ... Freiburg im Breisgau

Körner, Jürgen u.a 1991: Die Balint-Gruppe in Klinik und Praxis. Band 5. Praxis, Theorie, Variationen, Leitungstechnik, Forschung, Entwicklung und Anwendung in verschiedenen Ländern, Berufspolitik, kritische Glosse. Berlin

Kraft, Peter B. 1998: NLP-Handbuch für Anwender. Paderborn

Krüger, Reinhard T. 1990: Psychodrama als Supervisionsmethode, in: Pühl, Harald (Hrsg.): Handbuch der Supervision. Beratung und Reflexion in Ausbildung, Beruf und Organisation. Berlin, S. 323-339

Kutschera, Gundl 1991: NLP und die „Strukturen der Magie" in der Supervision, in: Brandau, Hannes (Hrsg.): Supervision aus systemischer Sicht. Salzburg, S. 229-234

Lankton, Stephen 1991: In die Rolle des anderen schlüpfen, in: Brandau, Hannes (Hrsg.): Supervision aus systemischer Sicht. Salzburg, S. 226-228

Leuschner, Gerhard. (1983). Der freiberufliche Supervisor. Ein suchender Kampf um die Entwicklung einer Berufsrolle, in: Supervision, Materialien für berufsbezogene Beratung in sozialen, pädagogischen und therapeutischen Arbeitsfeldern, 3, Münster, S. 65-74

Lieb, Hans (Hrsg.) 1993: Supervision. Bad Dürkheim

Lieb, Hans 1994: Selbsterfahrung als Selbstreferenz: Zur Integration von Selbsterfahrung in die verhaltenstherapeutische Supervision, in: Lairauter, Anton-R./Elke, Gabriele (Hrsg.): Selbsterfahrung in der Verhaltenstherapie. Tübingen, 80-105

Linden, Christiane 1994: Supervision in Lehrergruppen: ein grundlegendes Modell zeitgemäßer Lehrerbildung. Essen

Lippmann, Eric 2005: Intervision: Kollegiales Coaching professionell gestalten. Heidelberg

Lotmar, Paula/Tondeur, Edmond 1989: Führen in sozialen Organisationen: ein Buch zum Nachdenken und Handeln. Bern

Maaß, Evelyne/Ritschl, Karsten 1997: Teamgeist – Spiele und Übungen für die Teamentwicklung. Paderborn

Maelicke, Bernd (Hrsg.) 1994: Beratung und Entwicklung sozialer Organisationen. Baden-Baden

McLeod, John 2004: Counseling – eine Einführung in Beratung. Tübingen

Merchel, Joachim 1998: Qualität und Supervision: Supervision als Instrument zur Förderung von Qualität – Anforderungen an die Qualität von Supervision, in: Leuschner, Gerhard/Weigang, Wolfgang (Hrsg.): Qualitätssicherung durch Supervision – Qualität durch Supervision, in: *Forum Supervision*, Sonderheft Nr 2, S. 24-25

Möller, Heidi 2003: Was ist gute Supervision? Grundlagen – Merkmale – Methoden. 2. Aufl. Stuttgart

Müller, Carl W. 1994: Wie Helfen zum Beruf wurde. Band 1. 4. Aufl. Weinheim und Basel

Müller, Bertram/Müller-Ebert, Johanna 1994: Die Bedeutung der Lehrtherapie in der Gestalttherapie, in: Frühmann, Renate/Petzold, Hilarion G. (Hrsg.): Lehranalyse, Selbsterfahrung, Eigentherapie in den psychotherapeutischen Schulen. Paderborn, S. 223-256

Nellessen, Lothar 1990: Die Gruppendynamik in der Supervision, in: Fatzer, Gerhard (Hrsg.): Supervision und Beratung. Köln, S. 159-170

Nestmann, Frank 2004: Beratungsmethoden und Beratungsbeziehung, in: Nestmann, Frank u.a (Hrsg.): Das Handbuch der Beratung. Band 2. Tübingen

Neumann-Wirsing, Heidi/Kersting, Heinz J. (Hrsg.) 1992: Systemische Supervision oder: Till Eulenspiegels Narreteien. Schriften zur Supervision. Band 4. Aachen

Pallasch, Waldemar 1993: Supervision. Neue Formen beruflicher Praxisbegleitung in pädagogischen Arbeitsfeldern. 2. Aufl. Weinheim

Pallasch, Waldemar 1995: Pädagogische Supervision. Das Kieler Konzept zur unterrichtlichen Supervision, in: Petermann, Franz (Hrsg.): Pädagogische Supervision. Salzburg, S. 24-52

Petermann, Franz (Hrsg.) 1995: Pädagogische Supervision. Salzburg

Petzold, Hilarion G. 1998: Integrative Supervision, Meta-Consulting & Organisationsentwicklung. Modelle und Methoden reflexiver Praxis. Ein Handbuch. Paderborn

Petzold, Hilarion G. u.a 2003: Supervision auf dem Prüfstand. Wirksamkeit, Forschung, Anwendungsfelder, Innovation. Opladen

Pigulla, Stefan 1994: Transaktionsanalytische Konzepte in der Fortbildung und Supervision für Pflegepersonal, in: *Zeitschrift für Transaktionsanalyse in Theorie und Praxis*, Heft 11, S. 33-46

Probst, Gilbert J. B./Büchel, Bettina S. T. 1994: Organisationales Lernen. Wettbewerbsvorteil der Zukunft. Wiesbaden

Pühl, Harald 1984: Methodische Überlegungen zur Bearbeitung unbewusster Gruppenprozesse – am Beispiel einer Team-Supervision, in: *Supervision*, Heft 6, S. 91-99

Pühl, Harald (Hrsg.) 1994a: Handbuch der Supervision 2. Berlin

Pühl, Harald 1994b: Einzel-Supervision, in: Pühl, Harald (Hrsg.): Handbuch der Supervision 2. Berlin, S. 85-94

Pühl, Harald 1998: Team-Supervision: von der Subversion zur Institutionsanalyse. Göttingen

Pühl, Harald/Schmidtbauer, Wolfgang 1986 (Hrsg.): Supervision und Psychoanalyse – Plädoyer für eine emanzipatorische Reflexion in den helfenden Berufen. München

Pühl, Harald/Schmidtbauer, Wolfgang 1993: Helfen als Beruf, Entfremdung und Supervision, in: Pühl, Harald/Schmidtbauer, Wolfgang (Hrsg.): Supervision und Psychoanalyse. Selbstreflexion der helfenden Berufe. Frankfurt/M., S. 15-27

Raguse-Staufer, Betty/Raguse, Hartmut 1980: Ein TZI-Modell der Supervision, in: Gruppenpsychotherapie und Gruppendynamik, Heft 15, S. 78-90

Raguse, Hartmut 2005: Gruppensupervision, in: Fatzer, Gerhard (Hrsg.): Supervision und Beratung. Bergisch Gladbach, S. 249-256

Rappe-Giesecke, Kornelia 1990: Theorie und Praxis der Gruppen- und Teamsupervision. Berlin

Rappe-Giesecke, Kornelia 1994: Gruppensupervision und Balintgruppenarbeit, in: Pühl, Harald (Hrsg.): Handbuch der Supervision 2. Berlin, S. 72-84

Rappe-Giesecke, Kornelia 2003: Supervision für Gruppen und Teams. Berlin und Heidelberg

Rauen, Christopher 2005: Handbuch Coaching. 3. Aufl. Göttingen

Rechtien, Wolfgang 1992: Angewandte Gruppendynamik. München

Reichel, René/Rabenstein, Reinhold 2001: Kreativ beraten. Methoden, Modelle, Strategien für Beratung, Coaching und Supervision. Münster

Richter, Günther 1996: Führungsinstrument Kommunikation. Wiesbaden

Ritschl, Karsten 1996: Der Geist des NLP – Neurolinguistisches Programmieren zum Kennenlernen. Berlin

Ritscher, Wolf 1996: Systemisch – psychodramatische Supervision in der psychosozialen Arbeit. 1. Aufl. Frankfurt/M.

Rogers, Carl R. 1972: Die nicht-direktive Beratung. München

Rosenkranz, Hans 1990: Von der Familie zur Gruppe zum Team. Familien- und gruppendynamische Modelle zur Teamentwicklung. Paderborn

Roth, Jörg K. 2005: Die Balint-Gruppe: ein Klassiker der Supervision, in: Fatzer, Gerhard (Hrsg.): Supervision und Beratung. Bergisch Gladbach, S. 143-158

Schlechtriemen, Michael/Wulf, Christian 1996: Überlegungen zu einem personenzentrierten Supervisionskonzept, in: *GwG Zeitschrift*, Heft 104, S. 38-47

Schlee, Jörg 2004: Kollegiale Beratung und Supervision für pädagogische Berufe. Hilfe zur Selbsthilfe. Ein Arbeitsbuch. Stuttgart

Schlegel, Leonhard 1987: Die Transaktionsanalyse: Ein kritisches Lehr- und Nachschlagewerk. 3. Auflage. Tübingen

von Schlippe, Arist/Schweitzer, Jochen 1996: Lehrbuch der systemischen Beratung und Therapie. Göttingen

Schmelzer, Dieter 1997: Verhaltenstherapeutische Supervision. Theorie und Praxis. Göttingen

Schmidtbauer, Wolfgang 1992: Wie Gruppen sich verändern – Selbsterfahrung, Therapie und Supervision. München

Schmidt-Tanger, Martina/Kreische, Jörn 1994: NLP-Modelle. Freiburg im Breisgau

Schneider, Gerhard 1996: Lehrerkrisen und Supervision: eine Studie zu Berufsanforderungen und zu einer Theorie der Lehrersupervision. Bad Heilbrunn

Schneider, Klaus/Müller, Andreas 1995: Evaluation von Supervision, in: *Supervision*, Heft 27, S. 86-98

Schüers, Wolfgang 1991: Supervision und Vision – Parallelen zur Tradition der Heiler, in: Brandau, Hannes (Hrsg.): Supervision aus systemischer Sicht. Salzburg, S. 43-53

Schulz von Thun, Friedemann 1993: Miteinander reden 1: Störungen und Klärungen. Allgemeine Psychologie der Kommunikation. Hamburg

Schumacher, Bernd 1997: Die Balance der Unterscheidung. Zur Form systemischer Beratung und Supervision. 2. Aufl. Heidelberg

Schreyögg, Astrid 1986: Integrative Gestaltsupervision, in: *Gruppendynamik*, Heft 17, 3, S. 301-317

Schreyögg, Astrid, 1991: Was hat „Integrative Gestaltsupervision“ mit Therapie zu tun, in: *Supervision*, Heft 19, S. 53-69

Schreyögg, Astrid 1992: Supervision. Ein integratives Modell. Lehrbuch zu Theorie und Praxis. Paderborn

Schreyögg, Astrid 1994a: Supervision. Didaktik und Evaluation. Integrative Supervision in der Praxis. Paderborn

Schreyögg, Astrid 1994b: Coaching und seine potentiellen Funktionen, in: Pühl, Harald (Hrsg.): Handbuch der Supervision 2. Berlin, S. 173-187

Schreyögg, Astrid 2004: Der Coach als Dialogpartner von Führungskräften, in: Buer, Ferdinand/Stiller, Gertrud (Hrsg.): Die flexible Supervision. Wiesbaden, S. 101-119

Schwarz, Gotthart 1996: Management in Nonprofit Organisationen. Eine Führungs-, Organisations- und Planungslehre für Verbände, Sozialwerke, Vereine, Kirchen, Parteien usw. 2. Aufl. Bern

Schwinger, Thomas 1986: Universität Münster; Psychologisches Institut IV, Psychodrama als Supervisionsmethode. Zeitschrift für personenzentrierte Psychologie und Psychotherapie, 5 (3), S. 297-313

Seifert, Josef W. 1994: Visualisieren – Präsentieren – Moderieren. Bremen

Senge, Peter M. 1990: The Fifth Discipline. The art and practice of the learning organiziation. New York

Senge, Peter M. u.a 1996: Das Fieldbook zur Fünften Disziplin. Stuttgart

Simon, Fritz/Stierlin, Helm 1984: Die Sprache der Familientherapie. Ein Vokabular. Kritischer Überblick und Integration systemtheroretischer Begriffe, Konzepte und Methoden. Stuttgart

Spiess, Walter (Hrsg.) 1991: Gruppen- und Teamsupervision in der Heilpädagogik. Konzepte, Erfahrungen. Beiträge zur Heil- und Sonderpädagogik. 11. Bern

Thiel, Heinz-U. 1994: Professionelle und kollegiale Supervision – Begründung und Praxis ihrer Kombination, in: Pühl, Harald (Hrsg.): Handbuch der Supervision 2. Berlin, S. 199-211

Thomann, Christoph 1998: Klärungshilfe: Konflikte im Beruf. Hamburg

Thomann, Christoph/Schulz von Thun, Friedemann 1993: Klärungshilfe: Handbuch für Therapeuten, Gesprächshelfer und Moderatoren in schwierigen Gesprächen. Theorie, Methode, Beispiele. Hamburg

Tietze, Kim-O. 2007: Kollegiale Beratung: Problemlösungen gemeinsam entwickeln. Hamburg

Weidmann, Reiner 1996: Rituale im Krankenhaus. Wiesbaden

Weigang, Wolfgang 1994: Teamsupervision: Ein Grenzgang zwischen Supervision und Organisationsberatung, in: Pühl, Harald (Hrsg.): Handbuch der Supervision 2. Berlin, S. 112-131

Weigang, Wolfgang 1998: Vorwort. Das Interesse der DGSv an Wissenschaft und Forschung, in: Berker, Peter/Buer, Ferdinand (Hrsg.): Praxisnahe Supervisionsforschung – Felder – Designs – Ergebnisse. Münster, S. 5-7

Weisbach, Christian-R. 2003: Professionelle Gesprächsführung. München

Weiss, Thomas/Haertel-Weiss, Gabriele 1999: Familientherapie ohne Familie: Kurztherapie mit Einzelpatienten. München

Werner, Andreas/Hennch, Christoph 1998: Evaluation von Stationsteam-Supervision in der Inneren Medizin, in: Hennch, Christoph u.a (Hrsg.): Formen der Supervision: Supervisionskonzepte und Praxis im Klinikkontext. Frankfurt/M., S. 125-139

Westermann, Elisabeth 1991: Personenzentrierte Supervision – ein Handlungsmodell, in: *Supervision*, Heft 19, S. 70-78

Widauer, Hermann 1998: Das Salzburger Modell: Externe Supervisioren als Team im Krankenhaus, in: Hennch, Christoph u.a (Hrsg.): Formen der Supervision: Supervisionskonzepte und Praxis im Klinikkontext. Frankfurt/M., S. 112-124

Wieringa, F. W. (1983). Mein Selbstverständnis als Supervisor, in: Supervision, Materialien für berufsbezogene Beratung in sozialen, pädagogischen und therapeutischen Arbeitsfeldern, 3, Münster, S. 13-19

Wilken, Friedrich W. 2002: Supervision und Coaching: aus der Praxis für die Praxis. Bonn

Winiarski, Rolf 2004: Beratung und Kurztherapie mit kognitiver Verhaltenstherapie. Weinheim

Wittern, J. O. u.a. 1986: Supervision im Rahmen der Psychologie – Ausgewählte Ergebnisse einer schriftlichen Befragung von Dipl.-Psychologen in der BRD. Vortrag auf dem Kongreß für klinische Psychologie und Psychotherapie. Berlin.

Wittich, Andrea u.a 1998: Konfliktlösung auf Stationen: Supervisionsdienst für Pflegepersonal und Stationsteams, in: Hennch, Christoph u.a (Hrsg.): Formen der Supervision: Supervisionskonzepte und Praxis im Klinikkontext. Frankfurt/M., S. 99-111

Zimmer, Dirk 1996: Supervision in Verhaltenstherapie, in: Margraf, Jürgen (Hrsg.): Lehrbuch der Verhaltenstherapie, Band 1. Grundlagen, Diagnostik, Verfahren, Rahmenbedingungen. Berlin, S. 525-536